La felicidad en el trabajo

Marie Kondo

y

Scott Sonenshein

La felicidad en el trabajo

Organiza tu vida profesional

Traducción de Rosa Pérez Pérez

Papel certificado por el Forest Stewardship Council®

Título original: *Joy at Work*

Primera edición: septiembre de 2020

Printed in Spain - Impreso en España

ISBN: 978-84-03-51937-4
Depósito legal: B-8.099-2020

Impreso en Black Print CPI Ibérica
Sant Andreu de la Barca (Barcelona)

AG 1 9 3 7 4

Penguin
Random House
Grupo Editorial

*A mi familia, mi casa y todas las cosas que me sustentan
y me dan alegría en la vida…, con gratitud.*

M. K.

*A mis padres:
¡Por fin he aprendido a ordenar!*

S. S.

ÍNDICE

Nota al lector

Aunque ambos autores hemos colaborado en todo el libro, cada uno se ha encargado de redactar una mitad. La voz de Marie está presente en la introducción y en los capítulos 1, 2, 3 y 11; su nombre aparece en la cabecera de esas páginas. La voz de Scott está presente en los capítulos 4, 5, 6, 7, 8, 9 y 10, y su nombre aparece en la cabecera de esas páginas. Dentro de cada capítulo, también encontrarás recuadros escritos por la persona que no se ha encargado de redactar dicho capítulo.

Las historias y ejemplos de este libro son de personas reales. A veces, los nombres se han cambiado para facilitar la lectura y proteger su identidad.

La felicidad en el trabajo

INTRODUCCIÓN

¿Tienes la mesa siempre enterrada bajo montañas de documentos? «¡Uf! ¿Dónde he puesto el informe que tengo que entregar mañana?».

¿Tienes una lista interminable de correos electrónicos pendientes por mucho que entres en tu cuenta? «Sobre el correo que le mandé ayer…». «¿Qué correo?».

¿Tienes la agenda abarrotada de citas con personas a las que ni tan siquiera quieres ver?

¿Sigues funcionando así todos los días porque te has olvidado de lo que verdaderamente querías hacer?

¿Te cuesta tomar decisiones?

Te estás preguntando: «¿Se reduce la vida a esto? ¿A ir tachando cosas de una lista de tareas pendientes? ¿No hay ninguna manera de restablecer el orden en mi trabajo, mi carrera profesional, mi vida?».

Si te identificas con alguna de estas reflexiones, hay una solución: ordenar.

Este libro no solo trata de cómo ordenar tu espacio de trabajo. Trata de cómo poner en orden los aspectos físicos y no físicos de tu trabajo, incluidos tus datos digitales, tu tiempo, tus decisiones y tu red de contactos, y de cómo generar alegría en tu vida profesional.

Muchas personas se desaniman en cuanto oyen la palabra «ordenar». «¡Me es imposible sacar tiempo para eso! Ya estoy demasiado ocupado», protestan. «Tengo que tomar demasiadas decisiones como para pensar siquiera en ordenar», dicen algunas, mientras que otras afirman: «Ya lo he intentado. Ordené todos mis documentos y ahora vuelven a ser un desastre».

Muchas personas no creen que puedan hallar alegría en su trabajo. «Me paso el día yendo a reuniones que no sirven para nada. Ordenar no va a cambiar eso —insisten—. Además, hay demasiadas cosas que no dependen de mí. Es imposible que mi trabajo pueda darme alegría». Pero, de hecho, ordenar como es debido es lo que hace posible tener alegría en el trabajo.

Ordenar me fascina desde que tenía cinco años. Cultivé este interés durante toda mi época escolar y di mis primeros pasos como consultora de organización a los diecinueve años mientras aún estudiaba en la universidad. El método KonMari surgió de la experiencia que adquirí enseñando a otros a ordenar.

Mi enfoque tiene dos características que lo distinguen: es sencillo pero eficaz, asegurándote así que ya no volverás a recaer en el desorden, y se basa en un criterio de selección único: elegir lo que da alegría. Cuando nos preguntamos: «¿Me da esto alegría?», nos reconectamos con nuestro yo interior y descubrimos lo que es verdaderamente importante para nosotros. El resultado es un cambio de conducta duradero que imprime un rumbo positivo a nuestra vida.

Di a conocer este método en *La magia del orden.* Traducido a cuarenta idiomas, se han vendido más de doce millones de ejemplares en total. Me he pasado los últimos años difundiendo mi método por todo el mundo. Y durante este proceso, una pregunta ha surgido de forma reiterada: ¿Cómo podemos ordenar el espacio de trabajo y generar alegría en el trabajo?

La mayoría de las personas me ven como a una especialista en ordenar casas, no como a una experta en ordenar espacios de trabajo, y mucho menos en desarrollo profesional. No obstante, mientras trabajaba en una compañía japonesa, dediqué la mayor parte de mi tiempo libre a enseñar a directivos de otras empresas a ordenar su despacho. Incluso los empleados de la compañía en la que trabajaba empezaron a pedirme consejo. Al ver lo ocupada que empecé a estar dando estas clases, finalmente me decidí a dejar mi trabajo y establecerme como consultora independiente.

Mis consultores titulados continúan dando clases y conferencias sobre cómo ordenar el espacio de trabajo con el método KonMari. Comparten entre sí los conocimientos y experiencias que adquieren y modifican los contenidos según sea necesario. Mediante este proceso, ha quedado claro que ordenar contribuye en gran manera a mejorar el rendimiento laboral y aumentar la alegría que nos aporta trabajar.

Por ejemplo, los clientes nos han dicho que ha incrementado su volumen de ventas hasta un 20 por ciento, ha aumentado su eficiencia hasta el punto de poder irse a casa dos horas antes y les ha ayudado a replantearse el significado de su trabajo y a reavivar su pasión por él. Hemos visto innumerables ejemplos de cómo el orden puede mejorar la vida profesional, física y psicológicamente. De igual manera que ordenar la casa genera alegría en nuestra vida, ordenar el espacio de trabajo lo hace en nuestro entorno laboral, al ayudarnos a ser más organizados y obtener mejores resultados. Este libro nos revela los secretos de ese proceso.

Por supuesto, en el trabajo no todo puede evaluarse en función de si proporciona alegría o no. Existen normas de empresa que hay que acatar, superiores que toman decisiones que afectan a nuestro trabajo y compañeros con los que colaboramos. Tampoco basta con ordenar nuestro espacio de trabajo físico para que todo marche bien. Solo podemos generar verdadera alegría en nuestra vida profesional cuando hemos puesto en orden todos los aspectos que la componen, incluidos los correos electrónicos, los datos digitales, las tareas relacionadas con el trabajo y las reuniones.

Ahí es donde entra mi coautor, Scott. Como psicólogo organizacional y catedrático de ciencias empresariales en la Universidad Rice, Scott está a la vanguardia de las investigaciones para crear carreras profesionales más gratificantes y alegres. Su trabajo abarca un amplio abanico de temas; por ejemplo, cómo lograr una vida profesional que sea más positiva y tenga más sentido, cómo ser más eficaz y productivo en el trabajo y cómo resolver problemas empresariales. Basado en los resultados de estas investigaciones, su éxito de ventas *Stretch* muestra cómo podemos obtener éxito y satisfacción en el trabajo haciendo un mejor uso de lo que ya tenemos, sean competencias, conocimientos u objetos. Todo ello lo convierte en un destacado experto en cómo generar alegría en el trabajo. A lo largo de este libro, Scott aporta avanzadas investigaciones y datos científicos sobre organización y da lecciones prácticas sobre cómo ordenar los aspectos no físicos del trabajo.

En el capítulo 1, te ofrecemos datos relacionados con ordenar que estamos seguros de que te motivarán. Los capítulos 2 y 3 tratan de cómo ordenar tu espacio de trabajo. Los capítulos 4 a 9 abordan la organización de los datos digitales, el tiempo, las decisiones, la red de contactos, las reuniones y los equipos. El capítulo 10 trata de cómo multiplicar el impacto de ordenar en tu empresa. El último capítulo trasciende el contexto de ordenar y describe cosas que puedes hacer para generar aún más alegría en tu trabajo diario, así como la clase de mentalidad y actitud que conducen a una vida profesional alegre. Estas últimas páginas incluyen historias personales mías cuya intención es hacerte pensar en cómo puedes generar alegría en tu trabajo.

Esperamos que utilices este libro como la llave maestra para disfrutar de una vida profesional alegre.

1

¿Por qué ordenar?

¿Qué es lo primero que ves cuando llegas a la oficina los lunes por la mañana?

Para muchos, ¡una mesa llena de cosas, cosas y más cosas! Montañas de documentos, clips sueltos, cartas sin abrir desde quién sabe cuándo, libros por leer y un ordenador portátil cubierto de notas adhesivas para recordar las tareas pendientes. Y debajo de la mesa a menudo hay bolsas con regalos promocionales de clientes. Estoy segura de que la mayoría de las personas suspiran hondo al ver su mesa así y se preguntan cómo van a poder trabajar con lo desordenada que está.

Aki, administrativa en una agencia inmobiliaria, era de esas personas que sufría por tener la mesa desordenada. Aunque la suya no era muy grande (más o menos tan ancha como largo era su brazo y solo tenía tres cajones), nunca encontraba nada. Antes de una reunión, siempre se ponía a buscar frenéticamente las gafas, el bolígrafo o una carpeta, y a menudo tenía que reimprimir documentos y otro material cuando no conseguía encontrarlos. Con frecuencia se hartaba y decidía organizar su mesa, pero al final de la jornada estaba tan cansada que lo dejaba para «mañana» y, antes de irse a casa, apilaba en un lado todos los documentos que había utilizado ese día. Por supuesto, al día siguiente terminaba buscando en ese montón el material que necesitaba antes de ponerse siquiera a trabajar. Cuando por fin empezaba, ya estaba agotada. «Trabajar en esa mesa tan desordenada era de lo más deprimente», me dijo. Por desgracia, tenía buenas razones para sentirse así.

Varios estudios demuestran que el desorden nos sale mucho más caro de lo que podríamos imaginar, y en muchos sentidos. En una encuesta realizada a mil adultos estadounidenses en activo, el 90 por ciento pensaba que el desorden tenía un impacto negativo en su vida. Las principales razones que dieron fueron que reducía la productividad, propiciaba una actitud negativa, disminuía la motivación y reducía la felicidad.

El desorden también tiene efectos adversos en la salud. Según un estudio realizado por científicos de la UCLA*, estar rodeados de demasiadas cosas incrementa las con-

* Universidad de California en Los Ángeles.

26

centraciones de cortisol, una de las principales hormonas del estrés. Si nuestras concentraciones de cortisol se mantienen elevadas de forma permanente, pueden aumentar nuestra propensión a la depresión, el insomnio y otros trastornos mentales, así como a trastornos físicos relacionados con el estrés como cardiopatías, hipertensión y diabetes.

Además, investigaciones de psicología recientes demuestran que un entorno desordenado pone a prueba al cerebro. Cuando están rodeados de desorden, nuestros cerebros se encuentran tan ocupados registrando todas las cosas que hay alrededor que no podemos concentrarnos en lo que deberíamos hacer en cada momento, como abordar el trabajo que tenemos sobre la mesa o comunicarnos con los demás. Estamos distraídos, agobiados y nerviosos, y nuestra capacidad para tomar decisiones se reduce. El desorden, según parece, solo trae sufrimiento. De hecho, los datos demuestran que las personas como yo, que se entusiasman cuando ven una habitación desordenada y no pueden esperar a ordenarla, son una excepción.

Pero las personas no son las únicas afectadas. El desorden también es malo para el negocio. ¿Alguna vez te has pasado horas buscando algo en la oficina? ¿O incluso lo has perdido para siempre? Casi la mitad de los administrativos refieren perder un objeto importante relacionado con el trabajo al año. Puede ser un archivador, una

calculadora, una unidad de memoria, un maletín, un ordenador portátil o un teléfono móvil. Reponer los artículos extraviados no solo cuesta dinero, sino que el hecho
de perderlos provoca estrés emocional y genera residuos
innecesarios que dañan el medio ambiente. No obstante,
el mayor desperdicio es el tiempo invertido en buscarlos.
Los datos demuestran que la búsqueda de objetos per-
didos supone, de media, una semana de trabajo anual por
empleado. En un período de cuatro años, eso equivale a
un mes entero. Solo en Estados Unidos, esta pérdida de
productividad, en términos económicos, asciende a casi
81.400 millones de euros anuales. Eso representa más del
doble de las ganancias conjuntas de las cinco corporacio-
nes más grandes del mundo.

Por impactantes que sean las cifras, esa es la realidad.
Los efectos del desorden pueden ser devastadores. Sin
embargo, no hay por qué preocuparse. Todos estos problemas se pueden resolver ordenando.

Cómo ordenar mi espacio de trabajo me cambió la vida

Después de terminar la carrera, conseguí trabajo en una
agencia de empleo en el departamento de ventas. No

obstante, la euforia por incorporarme a la población activa me duró poco. Aunque es natural que los empleados nuevos tengan dificultades al principio, parecía que mi rendimiento laboral nunca mejoraba. De las quince personas contratadas ese año, siempre me quedaba entre las tres últimas en cuanto a resultados de ventas.

Llegaba a la oficina temprano, me pasaba horas al teléfono intentando concertar citas con posibles clientes, acudía a las pocas que conseguía pactar y entre medias elaboraba listas de más posibles clientes. Por la tarde, bajaba rápidamente a comprarme un plato de fideos en una tienda de nuestro edificio y regresaba a mi mesa para preparar material. Parecía que siempre estuviera trabajando, pero nunca obtenía resultados.

Un día, después de otra desalentadora ronda de llamadas, colgué el teléfono con un hondo suspiro y bajé la cabeza. Al mirar mi mesa con abatimiento, me sobresaltó darme cuenta de que estaba hecha un desastre. Diseminados alrededor de mi teclado había un montón de listados antiguos de posibles clientes, un contrato a medio redactar, un vaso de papel con un poco de té que no me había terminado, una bolsita de té reseca, una botella de agua de hacía una semana, papelitos en los que había anotado consejos sobre ventas de mis compañeros, un libro de administración de empresas que alguien me había recomendado y no había abierto, un bolígrafo destapado, una grapadora con la que pensaba grapar una serie de papeles pero que se me había olvidado…

No daba crédito a lo que veía. ¿Cómo podía haberme ocurrido eso? Llevaba trabajando como consultora de organización desde que estaba en la universidad, pero, pese a mi confianza en mis competencias organizativas, estaba tan desbordada por mi nuevo empleo que ya no tenía tiempo para dedicarme a esa faceta profesional e incluso había descuidado el orden en casa. Sin saber cómo, había perdido el contacto con mi yo interior obsesionado por el orden. No era de extrañar que el trabajo no me fuera bien.

Impactada, al día siguiente fui a la oficina a las siete de la mañana para ordenar mi mesa. Haciendo uso de todos los conocimientos y técnicas que había perfeccionado con los años, terminé en menos de una hora. Pronto, mi espacio de trabajo estaba limpio y ordenado. Lo único que quedaba sobre mi mesa eran el teléfono y mi ordenador.

Aunque me gustaría decir que mi volumen de ventas aumentó de inmediato, el cambio no fue tan rápido. No obstante, me sentía mucho más feliz estando sentada a mi mesa. Encontraba los documentos que necesitaba al momento. No tenía que ponerme a buscar nada como una loca justo antes de correr a una reunión y, cuando regresaba, podía empezar la siguiente tarea de inmediato. Poco a poco, empecé a experimentar más alegría en mi trabajo.

Ordenar era mi pasión desde hacía años, y ya tenía el fuerte presentimiento de que poner la casa en orden podía cambiarle la vida a las personas. Pero en ese momento me di cuenta de que también era importante hacerlo en el espacio de trabajo. Sentada a mi mesa, que me parecía otra, presentía que tenerla ordenada me haría el trabajo más ameno y me ayudaría a amarlo.

Por qué ordenar mejora el rendimiento laboral

«Mi mesa está tan desordenada que me da vergüenza», me confesó un día mi compañera Lisa. Trabajaba en la misma planta que yo. Cuando me vio poner mi mesa en orden, se interesó y empezó a pedirme consejo. Ordenar nunca se le había dado bien ni siquiera de pequeña y la casa de sus padres estaba llena de cosas. Su piso, según me explicó, también era un desastre. «No solo no he ordenado nunca en mi vida, sino que ni se me había ocurrido que debiera hacerlo», dijo. Pero trabajando en una oficina se había dado cuenta de que su mesa estaba mucho más desordenada que la de cualquier otro compañero.

Su caso no es tan raro. Una diferencia importante entre una casa y un espacio de trabajo es que, en el entorno laboral, la gente nos ve. En casa, casi nadie ve nuestra ropa o libros, aunque estén tirados por el suelo. Pero una oficina es un espacio compartido, con lo que la diferencia entre una mesa ordenada y una desordenada es evidente para todos. De forma sorprendente, este hecho tiene un impacto mucho mayor en nuestra vida profesional de lo que la mayoría cree.

Varios estudios sobre evaluaciones de los empleados en el lugar de trabajo han demostrado que, cuanto más ordenado está el espacio de trabajo de una persona, más probable es que los demás la consideren ambiciosa, inteligente, afectuosa y tranquila, mientras que otro estudio demostró que a tales personas se las percibe como seguras, cordiales, diligentes y amables. La lista de adjetivos hace que parezcan verdaderas triunfadoras. Es más, los estudios demuestran que las personas ordenadas tienden a ganarse la confianza de los demás con mayor facilidad y tienen más probabilidades de conseguir un ascenso. Aparte de la importancia de la buena reputación para el desarrollo profesional, las investigaciones concluyen de forma reiterada que trabajamos en virtud de lo que se espera de nosotros. Cuando se espera mucho, nuestra confianza aumenta y solemos mejorar el rendimiento. Esta teoría, conocida como efecto Pigmalión, se basa en estudios que demuestran que las calificaciones de los alumnos mejoran cuando sienten que sus profesores esperan que destaquen. La importancia del efecto Pigmalión también ha quedado demostrada en el entorno laboral, donde el rendimiento de los empleados aumenta o disminuye en virtud de lo que se espera de ellos.

Los resultados de estos estudios se pueden resumir en tres sencillos puntos. Una mesa ordenada redunda en una mejor evaluación de nuestro carácter y capacidad. Eso nos sube la autoestima y aumenta nuestra motivación. En consecuencia, trabajamos más y nuestro rendimiento mejora. Visto así, ordenar parece un chollo, ¿no?

Después de aplicar mis lecciones a su espacio de trabajo, el volumen de ventas de Lisa aumentó, su jefe la colmó de elogios y su confianza en su trabajo mejoró cada vez más. En lo que a mí respecta, solo diré que saqué buena nota dentro de la empresa por mis aptitudes para ordenar y que eso me hizo feliz.

¿Es cierto que las personas desordenadas son más creativas?

Una mesa vacía y ordenada es aséptica y aburrida. «Si una mesa abarrotada es síntoma de una mente abarrotada,

entonces ¿qué debemos pensar de una mesa vacía?».
Estas palabras se han atribuido al genio creativo y físico
Albert Einstein. Sean o no suyas, parece que su mesa estaba enterrada bajo montañas de libros y papeles. Asimismo, Pablo Picasso pintaba rodeado de un revoltijo de
cuadros y, según dicen, Steve Jobs, el fundador de Apple,
tenía el despacho desordenado a propósito. Las leyendas
de genios con despachos caóticos son demasiado numerosas para mencionarlas todas. Como si quisiera corrobo-
rarlas, un estudio reciente realizado por investigadores de
la Universidad de Minnesota concluyó que un entorno
de trabajo desordenado tiene más probabilidades de generar ideas creativas.

Quizá porque hay muchas historias como estas, la
gente a menudo me pide que le confirme si eso es así.
«Pero tener la mesa desordenada es bueno, ¿no? —dicen—. Estimula la creatividad, ¿verdad?». Si te estás preguntando si tener la mesa desordenada también te hace
más productivo y si te merece la pena leer el resto del libro, aquí tienes un pequeño ejercicio para que lo pruebes. Empieza imaginándote tu mesa en la oficina, tu despacho o tu lugar de trabajo. O, si estás sentado a ella en
este momento, mira simplemente alrededor. A continuación, responde estas preguntas.

ingredient.

¿Te apetece sinceramente estar trabajando aquí ahora mismo?

¿De verdad te da alegría trabajar en esta mesa todos los días?

¿Estás seguro de estar sacándole todo el jugo a tu creatividad?

¿De verdad quieres volver a esto mañana?

Estas preguntas no pretenden hacerte sentir mal. Su objetivo es ayudarte a entrar en contacto con cómo te sientes en tu entorno de trabajo. Si has respondido que sí a todas ellas sin vacilar, tu grado de alegría en el trabajo es extraordinario. Pero si tu respuesta ha sido ambivalente, si has notado que se te encogía el corazón, aunque solo sea un poco, sin duda te merece la pena intentar organizarte.

Para serte sincera, realmente no importa si es mejor tener una mesa ordenada o una que sea un caos total. Lo más importante es que tú seas consciente de la clase de entorno que te genera alegría en el trabajo; que conozcas tus criterios de alegría. Y ordenar es una de las mejores maneras de averiguarlo. Muchos clientes que han utilizado este método para organizar su casa acaban con un hogar vacío y austero al terminar, solo para darse cuenta un poco más adelante de que lo quieren más decorado.

Es entonces cuando empiezan a añadir retoques que les encantan. A menudo, las personas solo se dan cuenta de qué clase de entorno les da alegría después de ordenar.

¿Eres el tipo de persona que conecta más fácilmente con su creatividad después de ordenar, o la clase que es más creativa rodeada de desorden? Seas como seas, el proceso de ordenar te ayudará a descubrir el tipo de espacio de trabajo alegre que estimula tu creatividad.

El círculo vicioso de acumular desorden

Las investigaciones demuestran que el desorden disminuye la alegría que sentimos en el trabajo por dos razones principales. En primer lugar, aturde al cerebro. Cuantas más cosas tenemos alrededor, más se sobrecarga. Debido a ello, nos cuesta más reconocer, experimentar y saborear las cosas que son más importantes para nosotros: las que nos proporcionan alegría.

En segundo lugar, cuando estamos inundados de cosas, información y tareas, perdemos nuestra sensación de control y la capacidad de decidir. Como ya no somos capaces de tomar la iniciativa ni de decidir cómo actuar, olvidamos que trabajar es un medio para hacer realidad nuestros sueños y aspiraciones, y nuestro trabajo deja de apasionarnos. Para empeorar las cosas, cuando las personas sienten que ya no tienen el control, empiezan a acumular más cosas superfluas a la vez que se sienten culpables y forzadas a hacer algo al respecto. ¿El resultado? Posponen ocuparse de sus cosas de forma indefinida, lo que genera un círculo vicioso de desorden cada vez mayor.

S. S.

El alto precio del desorden no físico

Nuestra mesa no es lo único que necesita ordenarse. También estamos saturados de desorden no físico. En concreto, la tecnología moderna ha generado desorden digital en forma de un exceso de correos electrónicos, archivos y cuentas de internet. Si a eso le sumamos la cantidad de reuniones y otras tareas que debemos atender, parece imposible tenerlo todo bajo control. Para disfrutar de un estilo de trabajo que nos dé verdadera alegría, necesitamos ordenar todos los aspectos de nuestro trabajo, no solo nuestro espacio físico.

Según un estudio, un administrativo típico dedica en torno a la mitad de su jornada laboral a responder correos electrónicos y tiene una media de 199 correos sin abrir en su bandeja de entrada en un día cualquiera. El Center for Creative Leadership (Centro para un Liderazgo Creativo) refirió que el 96 por ciento de los empleados piensan que pierden el tiempo ocupándose de correos innecesarios. Además, casi la tercera parte de los programas instalados en la mayoría de los ordenadores no se usan nunca. Solo con estos ejemplos queda claro que estamos inundados de desorden digital mientras trabajamos.

¿Y qué me dices de la información que necesitamos para usar las distintas cuentas de servicios por internet? Un usuario de internet medio tiene 130 cuentas por dirección de correo electrónico. Incluso considerando que algunas pueden combinarse y administrarse en una sola cuenta, como Google o Facebook, la cantidad requerida de nombres de usuario y contraseñas continúa siendo impresionante. Y piensa únicamente en lo que ocurre cuando se te olvida la contraseña. Escribes una combinación de posibles nombres de usuario y contraseñas sin éxito, y acabas dándote por vencido y cambiándola.

Por desgracia, las estadísticas demuestran que tenemos muchas probabilidades de repetir esta experiencia. Según un estudio sobre trabajadores de Estados Unidos y Reino Unido, la pérdida de productividad por olvidar o perder contraseñas asciende como mínimo a 390 euros anuales por empleado. En una empresa que tiene unos veinticinco empleados, supone más de 9.100 euros al año. Quizá deberíamos crear un «fondo por pérdida de contraseñas» que transfiriera automáticamente un donativo cada vez que alguien olvidara su contraseña y utilizar la recaudación para beneficiar a la sociedad.

Las reuniones también ocupan un gran porcentaje de nuestra jornada laboral. El administrativo medio pierde dos horas y treinta y nueve minutos semanales en reuniones improductivas. En una encuesta a altos directivos realizada por investigadores, la mayoría de los encuestados expresó su insatisfacción con las reuniones de empresa, aduciendo que eran improductivas e ineficaces, interferían en asuntos más importantes y no conseguían unir más al equipo. Las reuniones se celebran por el bien de la empresa, pero, paradójicamente, los altos directivos, precisamente los responsables de convocarlas, las consideran perjudiciales. El coste de las reuniones improductivas asciende a casi 365.000 millones de euros anuales. Cuando pienso en esto, junto con las pérdidas debidas a contraseñas olvidadas y los 81.400 millones de euros desperdiciados en el tiempo dedicado a buscar objetos extraviados, no puedo evitar preguntarme cuántos ingresos podría generar el gobierno cobrando impuestos por esta clase de desorden. Es de locos, lo sé, pero aun así...

Scott te contará los detalles de cómo organizar el desorden no físico a partir del capítulo 4. Por ahora, basta con que tengas en cuenta que tendrás que superar unos cuantos obstáculos para conseguir que tu trabajo te dé alegría. Eso significa que tus posibilidades de mejorar son muchas. Imagina que no solo has organizado tu mesa, sino también todos tus correos electrónicos, archivos y otros datos digitales, y que llegas bien a las reuniones y diversas tareas que tienes programadas. Piensa en la alegría que eso podría darte en el trabajo.

Ordenar nos ayuda a encontrar un propósito

Cuando trabajaba para una empresa, una compañera que se había incorporado dos años antes que yo me pidió consejo para ordenar su espacio de trabajo. Durante nuestras sesiones, me dijo: «Estoy aquí para trabajar y ganarme la vida, no para pasarlo bien. La vida es más divertida si terminas pronto de trabajar y te concentras en disfrutar de tu tiempo libre».

Cada uno tiene su manera de trabajar y su forma de pensar. Sé que algunas personas ven el trabajo del mismo modo que mi compañera, pero voy a serte muy franca: es una verdadera lástima. Obviamente, dado que nos pagan por el trabajo que hacemos, todas las ocupaciones conllevan responsabilidades. Además, si trabajamos para una organización, también hay muchos aspectos sobre los que no tenemos ningún control. Y, como formamos parte de la sociedad, es poco realista esperar que nuestra felicidad personal deba anteponerse siempre a todo lo demás. Por todo ello, a diferencia de lo que ocurre cuando ordenamos el espacio privado de nuestra casa, hacerlo en el trabajo no garantiza que todos los aspectos de nuestra oficina u ocupación nos aporten alegría siempre.

Aun así, me parece una pena que nos demos por vencidos y trabajemos solo por obligación, sin hacer ningún esfuerzo por generar alegría en nuestro entorno. Después de la casa, el trabajo es el lugar donde pasamos más tiempo y, en algunas épocas de nuestra vida, puede que incluso pasemos más que en casa. Trabajar es una parte valiosa de la vida. A la vez que damos buen uso a nuestras aptitudes, ¿no sería lógico disfrutar del tiempo que empleamos trabajando, aunque solo sea un poco? Y si vamos a disfrutarlo, ¿por qué no trabajar además de una manera que haga felices a las personas que nos rodean?

Algunos quizá estéis pensando: «Para ti es muy fácil decir todo eso, pero yo odio mi trabajo. No veo que pue-

LA FELICIDAD EN EL TRABAJO

da generarme nunca alegría». Incluso en ese caso, sigo aconsejándote que pruebes a organizarte. Ordenar puede ayudarte a entrar en contacto con lo que de verdad quieres, mostrarte qué necesitas cambiar y ayudarte a hallar más alegría en tu entorno. Quizá te parezca demasiado bonito para ser cierto, pero no es así.

Yo he sido testigo de cómo ordenar puede transformar muchos aspectos de la vida profesional de mis clientes. Una clienta, por ejemplo, recordó su sueño de infancia mientras ordenaba sus libros y dejó su trabajo para abrir una empresa propia. Mientras ordenaba documentos, una empresaria detectó un problema en su compañía e hizo un audaz cambio de rumbo. Y otra clienta, al terminar de ordenar, reconoció el estilo de vida que quería llevar y cambió de trabajo para reducir su jornada laboral a la mitad. Estos cambios no ocurrieron porque estas personas fueran peculiares en algún sentido. Solo fueron la consecuencia de examinar sus cosas una a una y decidir si las conservaban o se desprendían de ellas.

«Se suponía que este iba a ser el trabajo de mis sueños, pero ahora lo único que hago es pelearme con una avalancha de tareas para llevarlas al día. Siempre estoy deseando irme pronto a casa».

«No logro saber qué quiero hacer. He probado muchas cosas distintas, pero no sé lo que de verdad quiero».

«Me he volcado por completo en mi trabajo para llegar hasta aquí, pero ahora no tengo claro si esta es la profesión idónea para mí».

Si tienes dudas como estas sobre tu ocupación o profesión, ahora es el momento ideal para empezar a organizarte. Ordenar es mucho más que clasificar cosas y ponerlas en su sitio. Es un proyecto importante que te cambiará la vida para siempre. El objetivo del método que compartimos en este libro no es solo tener una mesa muy bien ordenada, sino iniciar un diálogo contigo mismo mientras ordenas: descubrir qué es lo que valoras explorando por qué trabajas y qué estilo de trabajo quieres. Este proceso te ayudará a ver cómo cada tarea que desempeñas se relaciona con un futuro alegre. A la larga, el verdadero objetivo es descubrir qué te aporta alegría en el trabajo para que puedas dar lo mejor de ti. Te invitamos a experimentar personalmente cómo ordenar puede generar alegría en tu profesión.

2

Si recaes
siempre en
el desorden

«¡Debería usted ordenar su mesa!».

Eso es lo que una vez se me escapó con un posible cliente. Era el verano de mi segundo año en la empresa de selección de personal y mi cometido era promocionar nuestros servicios. Eso implicaba averiguar qué clase de trabajador necesitaba cada empresa y encontrar a la persona apropiada para el puesto. Yo me encargaba de las empresas pequeñas y medianas. Los negocios con solo diez empleados o menos casi nunca cuentan con un departamento de recursos humanos propio y el presidente de la empresa a menudo se hace cargo de todo, incluida la contratación. En este caso, la persona a la que me había dirigido era el presidente. Con cara de cansado, acababa de decirme:

—Estoy tan ocupado que ojalá tuviera una secretaria.

Consciente de que mi papel era buscarle una, le pregunté:

—Si la contratara, ¿qué tareas querría que desempeñara?

—Eh… Déjeme pensar —respondió indeciso—. Bueno, una cosa está clara, querría alguien que me organizara los documentos y los útiles de escritura. Ya sabe, alguien que me diera el bolígrafo correcto cuando se lo pidiera. Y sería estupendo que también pudiera ordenarme la mesa.

Fue entonces cuando empecé a meter la pata.

—Pero ¡eso puede hacerlo usted mismo! —exclamé, dándome cuenta de mi impertinencia solo después de que las palabras hubieran salido de mi boca, por no hablar de que básicamente acababa de decirle que no necesitaba una secretaria. ¡Otra oportunidad perdida!

Pero él siguió hablando como si no me hubiera oído. Cuanto más decía, más claro me quedaba que la organización no era su fuerte. Había crecido en una familia en la que el desorden era lo normal y perdía cosas continuamente. En su primer trabajo, su jefe le había dicho que era un negado para el orden, un hecho por el que aún estaba acomplejado.

Cuando terminó de hablar, le pregunté si le importaría enseñarme su mesa. Estaba justo al otro lado de la mampara detrás de la que nos encontrábamos reunidos. Un simple vistazo me lo dijo todo. Era una sencilla mesa gris, pero, en el centro, el ordenador estaba rodeado de lo que parecían rascacielos futuristas formados por inestables torres de documentos, libros y cartas. Para entonces, yo ya trabajaba como consultora de organización los fines de semana y no pude evitar decirle que debería ordenar su mesa.

Ese fue el principio de nuestras clases de organización. Por supuesto, teníamos que hacerlas fuera del horario laboral, así que nos veíamos por la mañana temprano o al salir del trabajo. Después de unas cuantas sesiones, su despacho estuvo limpio y ordenado. Además, él estaba tan contento con los efectos de ordenar que me presentó a muchos otros empresarios, con lo que mi volumen de ventas se disparó. A partir de entonces, siempre que visitaba a un nuevo cliente, echaba un vistazo rápido a la mesa del jefe. Las oportunidades para dejar caer algún consejo sobre organización en las conversaciones aumentaron y, antes de darme cuenta, el número de clientes que acudían a mi consultoría se había multiplicado.

No obstante, para ser franca, entre mis clientes de la consultoría hubo algunos que sufrieron una recaída. No todos fueron capaces de mantener su despacho ordenado después de terminar mi curso. ¿Cuál era la diferencia entre los que lo lograban y los que no? Su actitud al empezar el curso.

La información con la que trabajamos se actualiza a menudo con el nuevo material que recibimos y el desarrollo de los diversos proyectos. Enseguida se nos acumulan documentos y papeles. Aunque ordenemos la mesa una vez, para conservarla así tenemos que estar encima y eso requiere una actitud que nos mantenga motivados, una comprensión de por qué queremos ordenar.

La mayoría de las personas que conozco que han conseguido organizarse de una vez por todas lo han hecho por iniciativa propia. También empiezan con una idea clara de quiénes quieren ser y del estilo de vida que desean. Por el contrario, las personas que se lanzan a ordenar sin una idea clara de por qué lo hacen o, peor, con la esperanza de conseguir que algún otro lo haga en su lugar, a menudo recaen en el desorden aunque lo consigan ordenar la primera vez.

Así que permíteme preguntarte: ¿Por qué quieres ordenar?

Si has respondido que quieres mejorar tu rendimiento laboral o eliminar el estrés, eso está bien, pero, para mantener la motivación, deberás ser más preciso e identificar, de manera clara y concreta, tu manera ideal de enfocar el trabajo y el efecto que esperas que tenga en tu vida ordenar. Así pues, antes de empezar, visualiza tu vida profesional ideal.

Visualizar tu vida profesional ideal

Imaginar tu jornada laboral con todo detalle mientras te preguntas qué clase de vida profesional te proporciona alegría y qué valores son importantes en tu trabajo es el primer paso para ordenar y es crucial para lograrlo.

Cada vez que pienso en este tema, me acuerdo siempre del correo electrónico que me mandó Michiko, una clienta que había terminado de ordenar. Trabajaba para un fabricante de suministros médicos y, antes de empezar el proceso de organización, su mesa siempre estaba abarrotada de papeles apilados como las capas de un milhojas. El asunto de su correo era: ¡Vida profesional ideal conseguida! El texto decía:

Cuando llego a la oficina por la mañana, ya estoy entusiasmada. En mi mesa no hay nada aparte del teléfono y una maceta con una planta. Cojo el portátil y el cable del sitio que he elegido para ellos en el estante y los conecto. Dejo el café que he comprado de camino en un posavasos especial, echo un poco de ambientador con olor a menta para refrescar el ambiente, respiro hondo y me pongo a trabajar. Todo está en su sitio, así que no pierdo tiempo en buscar nada, y solo tardo un segundo en volver a dejar cada cosa en su lugar cuando termino. Ya han pasado dos meses e incluso a mí me cuesta creer que siga sintiéndome tan feliz todas las mañanas.

El correo electrónico de Michiko, rebosante de felicidad, es un caso clásico de una vida profesional feliz. Lo comparto aquí porque contiene todas las claves que necesitas para visualizar tu ideal. El truco es imaginarte con vívido detalle cinematográfico cómo será toda tu jornada laboral cuando termines de ordenar. Esa imagen debería incluir tres elementos: el entorno físico, tu comportamiento y tus sentimientos. Visualiza cómo es tu espacio de trabajo, por ejemplo, tu mesa limpia y ordenada y dónde está guardado todo; lo que haces ahí, incluidas cosas como disfrutar de una taza de café u aromas refrescantes; y cómo te sientes cuando haces esas cosas, por ejemplo, entusiasmado, satisfecho o contento.

Para representar una imagen realista de tu vida profesional ideal, estos tres elementos deben tratarse conjuntamente. Sin embargo, lo más importante es imaginar cómo te sientes cuando estás en tu espacio de trabajo ideal. Prueba a cerrar los ojos y verte cuando llegas por la mañana. Si no se te ocurre nada, imagina la escena que Michiko describió cuando llegó a su mesa y después observa cómo te sientes. ¿Te ha dado el corazón un vuelco de alegría? ¿Has notado un placentero calor en el pecho?

Cuando imaginamos todos los detalles, incluida la reacción física que generan nuestras emociones, en vez de solo pensar en ellas intelectualmente, nuestro ideal se vuelve casi tangible. Como es natural, esto refuerza nuestro deseo de alcanzar ese estado y nos ayuda a mantenernos motivados.

Hay otro aspecto importante que debes tener en cuenta cuando visualizas tu vida profesional ideal: el marco temporal. Piensa en el transcurso de tu jornada laboral: llegar al trabajo por la mañana, tomarte tiempo para hacer un descanso, terminar de trabajar, irte a casa. Imagina qué aspecto tiene tu espacio de trabajo a distintas horas del día. Cuando examinamos nuestro ideal desde distintas perspectivas de este modo, empezamos a ver los pasos concretos que queremos dar a continuación, desde poner más color hasta tener más accesible el lugar donde archivamos los documentos, y eso nos motiva todavía más.

Imaginarte tu vida profesional ideal también es imprescindible para organizar el desorden no físico. Cuando ordenes tus correos electrónicos, por ejemplo, visualiza cómo te gustaría gestionar los correos entrantes y después piensa en el número de correos que te vendría bien tener en la bandeja de entrada. Cuando ordenes el tiempo, visualiza la cantidad de este que necesitas para cada clase de tarea y cómo te sentirás cuando la desempeñes. Vuelve a examinar estos ideales desde distintas perspectivas, como la productividad, la eficiencia y tus relaciones con los componentes de tu equipo. Solo cuando te hayas fijado metas basadas en una imagen clara de tu estilo ideal de trabajo, podrás ponerte a ordenar con la actitud correcta.

Ejercicio para identificar qué te genera alegría en el trabajo

¿Te cuesta visualizar tu vida profesional ideal? De ser así, aquí tienes un ejercicio rápido para ayudarte a identificar tus criterios de alegría personales. Lee cada una de las doce afirmaciones y después, en una escala del 1 al 5, indica hasta qué punto estás o no de acuerdo con cada una. No hay respuestas correctas o incorrectas. Solo guíate por el corazón y responde con sinceridad. (1 = muy en desacuerdo, 2 = en desacuerdo, 3 = ni en desacuerdo ni de acuerdo, 4 = de acuerdo, 5 = muy de acuerdo)

Disfruto mucho aprendiendo cosas nuevas.

Busco desafíos en el trabajo.

Me beneficia colaborar con otras personas que tienen más conocimientos o experiencia que yo.

TOTAL

Querría un horario de trabajo flexible.

Me gusta sentir que puedo hablar con franqueza en el trabajo.

Quiero libertad para hacer mi trabajo como mejor me parezca, sin demasiada supervisión.

TOTAL

Quiero maximizar la cantidad de dinero que gano.

Me gustaría tener un buen dominio de mi trabajo.

Valoro tener el reconocimiento de las personas con las que trabajo, como compañeros, clientes o supervisores.

TOTAL

Priorizo forjar amistades sinceras en el trabajo.

Disfruto ayudando a los demás en el trabajo.

Prefiero tener compañeros que trabajen estrechamente conmigo, en contraposición a trabajar por mi cuenta.

TOTAL

Suma tus respuestas para cada tres preguntas. Eso significa que tendrás una puntuación total para las preguntas 1, 2 y 3, para las preguntas 4, 5 y 6, y así sucesivamente. Las tres primeras preguntas se centran en aprender, las tres siguientes en la libertad en el trabajo, las otras tres en progresar y las tres últimas en la relación con los demás. Tus puntuaciones indican cuánto valoras cada una de estas áreas. Las áreas con una puntuación de 12 o más son las que más valoras.

Así pues, ¿qué aspectos son más importantes para ti? Una vez identificados, puedes utilizarlos para ayudarte a visualizar tu vida profesional ideal.

S. S.

Ordénalo todo de un tirón y no recaerás nunca

«He ordenado mi mesa un millón de veces, pero, antes de darme cuenta, vuelve a ser un desastre».

Las recaídas son uno de los problemas más frecuentes sobre los que me piden consejo. Cualquiera que haya ordenado probablemente lo habrá experimentado al menos una vez. Pongamos, por ejemplo, a mi compañera de trabajo, Jun. «Reorganizo mi mesa con bastante frecuencia, ¿sabes? —dijo mientras me la enseñaba—. Puede que no lo parezca, pero la verdad es que no me importa ordenar».

Cuando veo una mesa que parece limpia y ordenada, echo un vistazo rápido al tablero y después miro en los sitios que no se ven. Empiezo por los cajones. Cuando los abro, a menudo encuentro una colección de bolígrafos sin usar, tarjetas de visita antiguas, un batiburrillo de clips y gomas de borrar, cacao labial viejísimo, una caja de chicles caducados, suplementos, cubiertos de plástico, servilletas de papel y sobrecitos de salsa de tomate y soja que probablemente venían con una comida para llevar.

A continuación, retiro la silla, me agacho y miro debajo de la mesa. Alargo la mano y saco las cajas de cartón y bolsas de papel que hay debajo. Suelen estar llenas de libros y documentos, así como de ropa, zapatos y tentempiés. Mis actos despiertan miradas de sorpresa. «¿Quieres decir que también debería ordenar debajo de mi mesa?», pregunta la gente. Pero es que organizar únicamente el tablero de tu mesa no es suficiente.

Si quieres ordenar tan a fondo como para no recaer ya nunca en el desorden, aspira a un sencillo objetivo: saber dónde va todo en tu espacio de trabajo. ¿Qué clase de cosas tienes y en qué cantidad? ¿Dónde las guardas? ¿Qué tipo de objetos tienden a aumentar por la naturaleza de tu trabajo y, cuando eso ocurra, dónde los pondrás? Solo cuando tengas un control firme sobre todas estas cosas podrás decir que has ordenado.

¿Cómo puedes conseguirlo? Ordena todo tu espacio de trabajo por categorías, de un tirón. Si organizas la superficie de tu mesa hoy, el primer cajón mañana y otro al día siguiente, tirando cosas poco a poco cuando tienes tiempo, jamás pondrás tu espacio en orden. El primer paso es reservar un período de tiempo para ordenar. A continuación, separa todos los objetos que tienes en categorías y decide cuáles debes conservar y cuáles desechar. Después, decide dónde guardar las cosas que te quedas. Para ordenar como es debido, sigue estos pasos en este orden.

Scott y yo explicamos con detalle cómo ordenar los aspectos físicos y no físicos por categorías a partir del capítulo 3. De momento, basta con que tengas presente que la clave del éxito es ordenar por categorías, de manera rápida y completa, de un tirón. Ya sea para ordenar tu espacio de trabajo o tu casa, esta es la esencia del método KonMari.

Puede parecer difícil, pero no te preocupes. Ordenar el espacio de trabajo físico es mucho más sencillo que hacerlo con una casa. Para empezar, los espacios de trabajo son mucho más pequeños y tienen menos categorías, lo que hace más fácil decidir qué objetos conservar y dónde guardarlos. Y se tarda mucho menos tiempo. Ordenar una casa con el método KonMari lleva un mínimo de tres días en el caso de una persona que viva sola sin demasiadas cosas, y entre una semana y varios meses en el caso de una familia, dependiendo de cuántas posesiones tengan. Ordenar únicamente una mesa, por otra parte, lleva una media de cinco horas y, según cuál sea el tipo de trabajo, puede requerir tan solo tres. Incluso en el caso de personas que tengan más espacio, como un cubículo o despacho propio, no se suele tardar más de diez horas. Así pues, si puedes tomarte dos días, debería darte tiempo a terminar de ordenar los aspectos físicos de tu espacio de trabajo.

Si tienes muy complicado sacar tiempo para ordenar —si no puedes dedicarle cinco horas seguidas—, prueba a dividir el proceso en varias sesiones. El sistema más común entre mis clientes es llegar a la oficina dos horas antes de que empiece la jornada laboral y terminar de ordenar en tres sesiones de dos horas. Una cosa que he observado es que los clientes que programan sus sesiones de organización muy juntas hallan un ritmo que les ayuda a terminar rápidamente. Por tanto, si no dispones de mucho tiempo libre, te recomiendo no espaciar las sesiones para mantener la intensidad. Alargar el proceso hasta el punto de tener que volver a empezar continuamente es una completa pérdida de tiempo, lo que convierte este enfoque en el más ineficaz para ordenar.

Cuando digo ordenar «de manera rápida y completa, de un tirón», me refiero a más o menos un mes. Aunque algunas personas se sorprenden de que no haya problema en tardar tanto, un mes no es mucho en comparación con la cantidad de años que la mayoría de ellas han tenido que convivir con una mesa desordenada. Aunque sería estupendo terminar en uno o dos días, tardar más no es un problema. Lo importante es ponerte un plazo. Puedes decidir, por ejemplo, que intentarás terminar hacia finales de mes y, después, reservar bloques de tiempo concretos para ordenar. Si solo te dices que ordenarás cuando tengas tiempo, no acabarás nunca.

Ordena como es debido, de un tirón, y después designa un sitio para cada objeto. Una vez que sabes dónde va todo en tu espacio de trabajo, puedes localizar tus cosas incluso cuando empiezan a multiplicarse. Eso es lo que hace posible que mantengas tu espacio ordenado. Aprendiendo a ordenar de la manera correcta, cualquiera puede tener un espacio de trabajo alegre y no recaer nunca en el desorden.

Decidir qué conservar

«¿Me genera esto alegría?».

Esta pregunta es la clave del método KonMari. Es una herramienta sencilla pero muy eficaz para ordenar la casa: un espacio personal e íntimo. Cogemos cada objeto con ambas manos, elegimos solo los que nos aportan alegría y desechamos el resto.

Pero ¿y en el caso de un espacio de trabajo? El entorno laboral requiere cosas como contratos, guiones de las próximas reuniones y tarjetas de identificación, los cuales no nos inspiran especial alegría y, no obstante, no podemos desechar, así como objetos útiles como cinta adhesiva, grapadoras y trituradoras de papel, que usas pero no estás autorizado a desechar si no te gustan. Si te fijas bien, es probable que descubras que tu mesa es fea y tu silla aburrida, y que ni tan siquiera la tapa de la caja de pañuelos de papel de la sala común te inspira gran cosa. Cuanto más miras, más claro te queda que, en el trabajo, no puedes decidir qué conservar solo basándote en qué te proporciona alegría. Pero, antes de que ese pensamiento sea como un jarro de agua fría para tu pasión por ordenar, volvamos a empezar por el principio.

¿Por qué quieres ordenar?

Sea cual sea tu vida profesional ideal, el objetivo último es el mismo: poder trabajar con alegría. Así pues, cuando ordenas, lo más importante es elegir cosas que contribuyan a tu felicidad y valorar lo que conserves.

Hay tres tipos de cosas que debes conservar. El primero son las cosas que te generan alegría a ti, por ejemplo, un bolígrafo especial, un bloc de notas con un dibujo que te gusta o una fotografía de tus seres queridos. El segundo son las cosas que tienen utilidad y te ayudan a desempeñar tu trabajo, esas que usas a menudo, como grapas o cinta de embalar. No es que te inspiren una alegría especial, pero te facilitan las tareas diarias. El mero hecho de tenerlas te permite relajarte y concentrarte en tu trabajo.

El tercer tipo son las cosas que aportarán alegría en el futuro. Los recibos, por ejemplo, no suscitan mucha emoción, pero tienen el mérito obvio de permitir que te devuelvan el importe cuando los presentas como gastos. Los artículos relacionados con un proyecto que no te entusiasma especialmente serán, si eres concienzudo en su ejecución, un punto a favor para tu carrera profesional. Y si parte del sueño que quieres hacer realidad es que te valoren por tu formalidad, eso también te dará alegría en el futuro.

Así pues, recuerda estas tres categorías: cosas que te generan alegría directamente, cosas que la proporcionan por su utilidad y cosas que te la darán en el futuro. Estos son tus criterios para decidir qué conservar en tu espacio de trabajo.

Si te parece que las palabras «inspirar alegría» no encajan con tu entorno de trabajo, no dudes en sustituirlas por otra cosa que lo haga. Por poner solo unos pocos ejemplos, conozco a un director general que usaba: «¿Ayudará esto a que mi empresa prospere?»; a un cajero de banco que se preguntaba: «¿Me hace ilusión?», y a un jefe de departamento aficionado al béisbol que decía: «¿Va esto en el equipo de la liga mayor, en el equipo de la liga menor, o queda fuera del plan del equipo?».

Lo importante es si el objeto que has cogido con ambas manos desempeñará una función positiva en tu trabajo. Ten siempre presente que la razón por la que ordenas no es tirar cosas y despejar tu mesa, sino hacer realidad tu vida profesional ideal, una vida que te genere alegría.

Elegir lo que desechas es muy distinto de elegir lo que te aporta alegría

Si estás pensando que elegir lo que te da alegría es lo mismo que elegir lo que vas a tirar, ¡piénsalo bien! Aunque decidir qué conservar y decidir qué desechar pueden parecer las dos caras de una misma moneda, desde una perspectiva psicológica no tienen nada que ver. Elegir lo que inspira alegría es centrarse en los aspectos positivos de las cosas que tenemos, mientras que elegir lo que vamos a desechar es centrarse en lo negativo.

Los datos demuestran que las emociones negativas tienen mayor impacto en nuestros pensamientos que las positivas. Un estudio que examinó 558 palabras para distintas emociones en inglés concluyó que el 62 por ciento eran negativas, comparado con solo el 38 por ciento de palabras positivas. En otro estudio, participantes de siete países (Bélgica, Canadá, Inglaterra, Francia, Italia, Países Bajos y Suiza) escribieron todas las emociones que se les ocurrieron en cinco minutos. Todos ellos recordaron más palabras negativas que positivas. Además, entre las palabras más usadas, solo cuatro eran comunes a los siete países, y de ellas tres eran negativas: «tristeza», «enfado» y «miedo». La única palabra que expresaba una emoción positiva común a los siete países era «alegría».

Como ilustra este ejemplo, el cerebro humano da más importancia a las experiencias negativas que a las positivas. Si nos centramos en lo negativo cuando desechamos cosas, lo más que podemos esperar es eliminar lo que no nos gusta. No estar enfermo no es lo mismo que estar sano, no ser pobre no es lo mismo que ser rico y no estar triste no es lo mismo que estar feliz. Asimismo, deshacernos de cosas que no nos gustan no es lo mismo que elegir cosas que nos proporcionan alegría.

Por tanto, cuando ordenes, céntrate en lo positivo: en las cosas que amas. Si lo haces, es probable que descubras que, de hecho, te gusta ordenar.

S. S.

Crea un entorno en el que puedas concentrarte

Lo único que se oye en la silenciosa oficina es el tamborileo de dedos en los teclados y lo que murmuramos mi cliente y yo en plena clase de organización.

—¿Te aporta esto alegría?

—Sí.

—¿Es esto importante?

—No, ya no lo necesito.

—¿Y este documento?

La voz de mi cliente se torna un susurro.

—Ah, es sobre alguien que se marchó de la oficina el año pasado. Hubo problemas, ya sabes.

—Oh, lo siento.

Aprendí una lección importante durante esta sesión con mi cliente cuando empezaba a dar clases de organización a directivos de empresas. En una oficina en silencio, una clase de organización puede oírse mucho y es difícil hablar sin molestar a los demás. Mi pobre cliente debió de sentirse un poco violento.

Cuando ordenas tu espacio de trabajo, es importante crear un entorno que te ayude a concentrarte. Si tiendes a preocuparte por lo que puedan pensar los demás, el momento será un aspecto importante. Si puedes acceder a tu espacio de trabajo en vacaciones o tienes un cubículo o despacho propio, tendrás más opciones para decidir cuándo ordenar. No obstante, si trabajas en una oficina diáfana y necesitas ordenar durante la semana, probablemente tendrás que hacerlo antes o después de la jornada laboral si no quieres molestar a los demás. En lo que a mí respecta, establecí la rutina de dar las clases de 7:00 a 9:00 de la mañana antes de que mis clientes empezaran a trabajar.

Ordenar a primera hora de la mañana tiene muchas ventajas. Cuando sabes que empezarás a trabajar a las 9:00, ordenas con eficacia y concentración y, como todavía estás descansado, tienes una actitud positiva con lo que haces y disfrutas del proceso. En este estado, decidir qué conservar y qué desechar no cuesta ningún esfuerzo. Por eso, durante muchos años, aconsejé a mis clientes que el mejor momento para ordenar su espacio de trabajo era temprano por la mañana. Sin embargo, hace poco, mi punto de vista ha empezado a cambiar, gracias a la experiencia que he adquirido llevando mi método a otros países.

En Japón, es bastante frecuente que los empleados se queden en la oficina hasta muy tarde, lo que hace difícil concentrarse en ordenar después de la jornada laboral. No obstante, en muchas de las empresas que he visto en Estados Unidos, después de las seis de la tarde apenas queda nadie en la oficina. Y los viernes las oficinas empiezan a vaciarse poco a poco a partir de más o menos las tres de la tarde. En tales casos, es perfectamente posible concentrarse en ordenar incluso después de la jornada laboral.

También observé otra diferencia. La mayoría de los estadounidenses con los que hablé me dijeron que no les molestaría nada que alguien ordenara su espacio durante la jornada laboral, por mucho ruido que hiciera. Para asegurarme de que entendían a qué me refería, pregunté: «¿Aunque fuera una oficina diáfana en la que hubiera muchísimo silencio?». La respuesta continuó siendo la misma. Estaba claro que, en Estados Unidos, cómo ordenar el espacio de trabajo de forma discreta, un problema que yo llevaba años estudiando, era algo menos relevante.

En Japón, se considera de buena educación preocuparse por lo que piensan los demás y procurar no molestarlos. Estoy segura de que eso también ocurre en Estados Unidos y en casi todos los demás países. Sin embargo, esta experiencia me ha enseñado que lo que molesta a la gente no es lo mismo en todas partes. Cuando ordenamos, lo importante es crear un entorno en el que nos sintamos cómodos para poder concentrarnos en ordenar. Eso puede conllevar escoger un momento en el que haya menos gente en la oficina o simplemente avisar a nuestros compañeros de que vamos a ordenar. O incluso podríamos invitarles a acompañarnos. De hecho, siempre que sea posible, recomiendo que toda la empresa ordene al mismo tiempo.

Un editor japonés que conozco reservaba un día al final del año para que cada empleado ordenara su mesa. Según parece, eso distendía y mejoraba tanto el ambiente que la editorial acabó publicando múltiples éxitos de ventas. Ordenar mejora la eficiencia laboral de todas las personas que participan y propicia una actitud positiva, así que parece lógico que diera tan buenos resultados. Aun cuando no sea posible que toda la empresa participe, ¿no sería maravilloso que un departamento entero o los miembros del mismo grupo de trabajo decidieran ordenar juntos?

¡Que dé comienzo tu festival de organización!

En cuanto empecé a dar clases de organización a directivos, estuve mucho más ocupada. Entre semana impartía clases de siete a nueve de la mañana y después me empleaba a fondo en el trabajo de comercial desde las nueve y media hasta muy avanzada la tarde. Los fines de semana daba clases para ordenar la casa. En conversaciones con mis compañeros de trabajo, comentaba que había ayudado a una clienta a terminar de ordenar su cocina durante el fin de semana o que esa mañana un directivo se había deshecho de cuatro bolsas de basura llenas de papeles. No pasó mucho tiempo antes de que toda la agencia de empleo supiera a qué me dedicaba y las peticiones de clases de organización por parte de mis compañeros y superiores aumentaron.

Estaba ocupada y satisfecha, pero jamás imaginé que ordenar se convertiría en mi profesión. Mis compañeros me daban las gracias invitándome a comer y, aunque aceptaba dinero de los clientes que no eran de la empresa, veía estas clases de organización como un complemento, no como un trabajo estable.

No obstante, un día, un cliente que había terminado mis clases se volvió hacia mí mientras admirábamos su mesa perfectamente ordenada y dijo: «Deberías hacer llegar este método a todo el mundo. Eres la única que puede hacerlo, ¿sabes?». Gracias a sus palabras, me di cuenta de que muchas personas están deseando organizarse y, lo que es más importante aún, de que a mí me encanta ayudarles a hacerlo. Eso me hizo pensar en establecerme por mi cuenta y, al final, me marché de la empresa para centrarme en mi labor de consultora de organización.

Desde entonces he adquirido mucha experiencia como consultora. Durante este proceso, he detectado varias ideas erróneas muy extendidas sobre ordenar. Por ejemplo, la mayoría de la gente cree que ordenar es una tarea ardua que debe realizar a diario durante el resto de su vida; puede que incluso algunos de vosotros también lo penséis. Sin embargo, de hecho, hay dos tipos de organización: la organización diaria y el festival de organización. La primera conlleva guardar en su sitio las cosas que has utilizado durante el día e identificar dónde va cada cosa nueva que adquieres según tu sistema de almacenamiento. En cambio, el festival de organización implica revisar todo lo que tienes, preguntarte si cada objeto es verdaderamente importante en tu vida actual y organizar tu propio sistema de almacenamiento. Yo llamo a este proceso «festival de organización» porque se lleva a cabo de manera intensa y completa en un período de tiempo relativamente corto.

En el espacio de trabajo, el festival de organización no solo conlleva reexaminar cada objeto físico que hay en él, sino también todos los aspectos no físicos. Por ejemplo, ordenar tu correo electrónico requiere examinar las clases de correos que conservas en la bandeja de entrada, mientras que ordenar el tiempo implica identificar cuánto dedicas a cada actividad. Hacerlo te da una idea global de lo que tienes y en qué cantidad y, según miras los elementos de cada categoría uno a uno, puedes identificar cuáles deberías conservar y dónde van, o a cuáles deberías dar prioridad.

Ambos tipos de organización son importantes, pero, sin duda, el festival de organización tiene un mayor impacto en nuestra vida. Por eso te recomiendo terminar primero tu festival de organización antes de pensar en cómo mantener tu espacio ordenado a diario. Si ordenas como es debido de un tirón y experimentas un espacio de trabajo limpio y ordenado, las células de tu cuerpo recordarán qué grato es un entorno así. Esa sensación te impulsará de forma natural a mantener tu espacio de trabajo de esta forma. Por supuesto, este enfoque no solo es aplicable a los aspectos físicos de tu trabajo, sino también a los no físicos, como los datos digitales y la red de contactos que se tratan a partir del capítulo 4. Primero, valora tu situación actual; después, decide qué es lo que quieres verdaderamente conservar y experimenta la alegría de trabajar en un espacio ordenado.

Pongámonos en marcha, pues. Empieza preguntándote qué clase de vida profesional te genera alegría e imaginándotela con todo lujo de detalles. A continuación, permítenos ayudarte a emprender tu festival de organización, que hará realidad ese ideal. Con la actitud y el enfoque correctos, podrás tener la vida profesional con la que siempre has soñado.

3

■

Ordenar
el espacio
de trabajo

Primero, veamos los pasos concretos que debes dar para ordenar tu espacio de trabajo físico. La organización de los aspectos no físicos se tratará en posteriores capítulos.

Tanto si trabajas en una mesa como si tienes tu propio cubículo o despacho, los pasos básicos del método KonMari para ordenar el espacio de trabajo físico son los mismos.

Para empezar, ordena solo los espacios que son responsabilidad tuya y de nadie más. Esta es una regla de organización fundamental y básicamente significa que debes comenzar por tu mesa. Si hay espacios comunes, por ejemplo, un área para guardar el material, una sala de descanso o una de reuniones, ignóralos de momento, aunque no estén tan ordenados como a ti te gustaría.

Si trabajas en casa, ordena los objetos relacionados con el trabajo aparte de los personales. Por ejemplo, si algunos de tus libros y documentos tienen que ver con el trabajo y otros no, por ahora identifica solo los que guardan relación con tu trabajo, céntrate en ordenarlos y deja los personales para una fecha posterior en la que estés listo para ordenar la casa.

Si tienes tu propio estudio o taller, sigue los mismos principios, pero, dependiendo de cuántas cosas tengas, es posible que tardes más en ordenar. Por ejemplo, si tu espacio de trabajo tiene las dimensiones de un garaje, si tus armarios y estantes están llenos de herramientas y piezas mecánicas, o si tienes a mano un gran volumen de productos u obras de arte, date más tiempo, quizá hasta dos meses, para terminar de ordenar.

El orden que sigues cuando ordenas es importante en el método KonMari. En casa, suelo recomendar empezar por la ropa e ir avanzando por categorías en el orden siguiente: libros, papeles, *komono* (artículos varios) y objetos con valor sentimental. Recomiendo este orden porque empezar por las categorías más sencillas e ir avanzando hasta llegar a la más difícil nos ayuda a desarrollar nuestra capacidad para decidir lo que conservamos o desechamos y dónde lo guardamos. Para ordenar el espacio de trabajo, sáltate la categoría de la ropa y organiza los libros, los papeles, los *komono* y los objetos con valor sentimental en ese orden.

Las reglas para ordenar estas categorías también son las mismas. Organiza una categoría cada vez. Empieza sacando todos los objetos de cada categoría o subcategoría y amontonándolos en el mismo sitio. Por ejemplo, si estás organizando la subcategoría *komono* de los bolígrafos, saca todos tus bolígrafos de los cajones y portalápices y déjalos en la mesa. A continuación, decide con cuáles quieres quedarte. Este proceso te da una idea clara de cuántos objetos de cada categoría tienes exactamente, lo que te facilita compararlos y decidir cuáles conservar o desechar. También te hace más fácil el siguiente paso de almacenar por categorías.

Los aspectos que debes tener presentes cuando almacenes se enumeran en las páginas 83-85. Puedes esperar hasta haber decidido qué conservas de todas las categorías antes de ponerte a almacenar, o puedes empezar en cuanto termines de decidir qué te aporta alegría de una categoría y seguir haciendo lo mismo con cada categoría según avanzas.

Ahora que ya entiendes lo básico, es hora de ordenar tu mesa por categorías.

Libros: descubre tus valores mientras ordenas

Un éxito de ventas que esperabas leer algún día, un manual de contabilidad que compraste para mejorar tus conocimientos, un libro que te ha regalado un cliente, una revista distribuida por la empresa… ¿Qué clase de libros tienes en tu espacio de trabajo?

Los libros están llenos de valiosos conocimientos que pueden ayudarnos a hacer nuestro trabajo. Cuando los tenemos en la mesa o estantería, pueden inspirarnos o darnos seguridad. Leerlos mientras comemos o nos tomamos un café puede aumentar nuestra motivación y el mero hecho de tenerlos a la vista puede dar un toque personal a nuestro espacio de trabajo. No obstante, en realidad, a menudo tenemos libros en el trabajo por razones equivocadas.

Una de mis clientas tenía una estantería en su despacho llena de libros por leer. Cuando los contamos, había más de cincuenta, y más de la mitad estaba en la balda desde hacía dos años o más.

«Leeré todos los que pueda durante mis próximas vacaciones», declaró. Sin embargo, cuando volvimos a vernos, no me sorprendió oír que lo había dejado antes de terminar. Casi todos los libros que había conseguido leer eran los últimos que había comprado. «Dejarlos sin leer me parecía tal desperdicio que decidí leerlos a toda prisa —dijo—. Pero empecé a tener la sensación de que solo lo hacía por obligación. No me generaba ninguna alegría. Eso me pareció aún más pérdida de tiempo, así que decidí desprenderme de muchos de ellos».

Al final, decidió conservar en el despacho solo quince libros muy bien escogidos. Como nosotros, los libros tienen su época de gloria. Es entonces cuando habría que leerlos, pero es bastante común que se nos pase ese momento. ¿Qué me dices de ti? ¿Guardas algún libro en el trabajo cuyo tiempo ya ha pasado?

Cuando ordenes tus libros, empieza juntándolos todos en el mismo sitio. A lo mejor estás pensando que sería mejor elegirlos con solo leer el título, sin sacarlos de la estantería, pero no te saltes este paso. Los libros que llevan demasiado tiempo en la balda se han convertido en parte del decorado. Tu mente no los registra, ni tan siquiera cuando los tienes ante tus propios ojos, y eso te complica más decidir cuáles te aportan alegría. Solo podrás verlos como entidades independientes si los tienes en las manos.

Si te cuesta determinar si un libro concreto te genera alegría o no, prueba a hacerte ciertas preguntas. Por ejemplo, ¿cuándo lo compraste? ¿Cuántas veces lo has leído? ¿Quieres volver a leerlo? Si se trata de un libro que no has leído aún, visualízate en el momento de comprarlo. Ese recuerdo puede ayudarte a decidir si aún lo necesitas. Si es un libro que tenías intención de leer «en algún momento», te recomiendo fijar un plazo para hacerlo. Sin un esfuerzo consciente, ese «algún momento» nunca llega.

Otra pregunta que debes hacerte es qué papel desempeña ese libro en tu vida. Los libros que proporcionan alegría son los que te motivan y activan cuando los lees y relees, los que te hacen feliz por el mero hecho de saber que existen, los que te informan de las últimas novedades para mantenerte al día y los que te ayudan a desempeñar mejor tu trabajo, como los manuales. En cambio, los libros que compraste por impulso o porque querías impresionar a alguien, así como los que fueron un regalo pero dudas que vayas a leer alguna vez, cumplieron su propósito en el momento que los adquiriste o te los regalaron. Es hora de desprenderte de ellos dándoles las gracias por la alegría que te dieron entonces.

Una última pregunta que puedes hacerte es si aún comprarías ese libro ahora si lo vieras en una librería o si su tiempo ya ha pasado en lo que respecta a tu interés por él. El hecho de haberlos pagado no significa que tengas que terminar de leer todos los libros que tienes. Muchos libros cumplen su propósito antes de llegar a leerse, sobre todo los libros sobre un mismo tema que se compran a la vez. Estos son los libros a los que tendrías que dar las gracias por la alegría que te generaron cuando los compraste y luego decirles adiós.

El propósito de hacer esta clase de preguntas no es obligarte a liquidar tus libros sin pensar. Por el contrario, es ayudarte a explorar tu relación con cada libro que tienes. Adquirir una mayor conciencia de ella te ayudará a decidir si un libro te aportará o no alegría si lo conservas.

A veces, me preguntan cuántos libros habría que guardar, pero no hay un número fijo. Con los libros, al igual que con otras categorías, la cantidad apropiada será distinta para cada persona. El verdadero beneficio de ordenar es que te ayuda a identificar tu propio criterio. Si los libros te generan alegría, entonces la decisión correcta es conservar tantos como quieras con confianza.

No obstante, en el trabajo, el espacio de almacenamiento a menudo es limitado. Si, en algún momento, sientes que te estás apartando de tu vida profesional ideal porque tienes demasiados libros, haz una pausa y reduce el número de la manera que menos te agobie. Podrías dejarlos en un estante designado por la empresa para libros usados, llevártelos a casa, venderlos a una librería

LA FELICIDAD EN EL TRABAJO

de segunda mano o donarlos a escuelas, bibliotecas, hospitales, etcétera.

Ordenar los libros es una manera eficaz de descubrirte a ti mismo. Los que decides conservar porque te proporcionan alegría revelan tus valores personales. Uno de mis clientes, Ken, era ingeniero. Al principio del proceso de organización, su meta era tener un espacio ordenado en donde poder trabajar con mayor eficiencia. Cuando le pedí que describiera su vida profesional ideal, no estaba seguro, aunque creía que le gustaría irse antes a casa.

Sin embargo, al revisar sus libros, descubrió que tenía muchos sobre crecimiento personal y, concretamente, sobre cómo llevar una vida más plena y apasionarse con el trabajo. Eso le mostró que estaba deseando disfrutar más de su trabajo y realizarse dando lo mejor de sí. Descubrirlo le ayudó a recuperar su pasión por su trabajo. Como ves, ordenar es, en realidad, un viaje épico de descubrimiento personal.

Papeles: la regla básica es desecharlos todos

Después de los libros, la siguiente categoría son los papeles. Organizar los papeles suele ser la parte de ordenar el espacio de trabajo que más tiempo lleva. Incluso hoy en día, que los teléfonos inteligentes y las tabletas se han vuelto omnipresentes y el volumen de documentos en papel ha disminuido de forma considerable, la gente aún tiende a acumular muchos papeles.

La regla de oro cuando ordenamos papeles es desecharlos todos. Mis clientes siempre se quedan mudos de asombro cuando digo esto. Por supuesto, no me refiero a que haya que eliminar por completo los papeles. Solo intento transmitir cuánta resolución necesitamos para elegir solo los que son absolutamente necesarios y desechar el resto. No hay nada más molesto en nuestro espacio de trabajo que los papeles, que parecen acumularse antes de que nos demos cuenta. Las hojas de papel parecen tan finas que a menudo las conservamos sin pensar. No obstante, cuando tenemos que ordenarlas, el proceso exige mucho tiempo porque necesitamos asegurarnos de saber de qué tratan. Peor aún, cuantos más papeles acumulamos, más tiempo tardamos en encontrar un documento o informe concreto y más nos cuesta ponerlos en orden. Por esa razón, recomiendo reservar un bloque de tiempo en tu calendario solo para ordenar los papeles.

Al igual que con el resto de categorías, empieza juntando todos tus papeles en el mismo sitio y mirándolos uno a uno. Los papeles son la única categoría que no puedes seleccionar preguntándote si te generan alegría. En cambio, tienes que comprobar de qué tratan. Incluso los papeles que van en sobres deberían sacarse y revisarse página a página por si están mezclados con folletos publicitarios u otro material que no quieras conservar.

Puede serte útil separar los papeles por categorías mientras compruebas de qué tratan. De ese modo, archivarlos cuando hayas terminado será más rápido y fácil. Por lo general, los papeles pueden dividirse en tres categorías: papeles pendientes, papeles que tienes que conservar y papeles que quieres conservar.

La categoría de papeles pendientes incluye los que requieren algún tipo de actuación, como facturas no pagadas y propuestas de proyectos que hay que revisar. Recomiendo guardarlos todos en un estuche archivador vertical hasta que te hayas ocupado de ellos. De ese modo, no se mezclarán con los papeles de otras categorías.

A continuación, veamos los papeles que tenemos que conservar. Las leyes de protección de documentos dictan que debemos guardar ciertos tipos de informes, declaraciones, contratos y otros documentos durante un determinado período de tiempo, nos proporcionen o no alegría. Ordénalos por categorías y guárdalos en un archivador o en carpetas en un estante. Si no necesitas conservar los originales, también puedes escanearlos y almacenarlos de forma electrónica (véase capítulo 4). En ese caso, en vez de hacerlo uno a uno cuando los estás clasificando, es más eficaz ponerlos en un montón para escanearlos todos de un tirón después. Sin embargo, escanear encierra sus peligros, que trato en las páginas 85-87.

La última categoría son los papeles que quieres conservar por otros motivos. Pueden incluir documentos que quieras guardar para consultarlos en el futuro o papeles que, de hecho, te generen alegría. Quedártelos o tirarlos depende por completo de ti. Pero, como las recaídas son un problema común cuando nos aferramos a cosas «solo porque sí», ten presente que, con los papeles, la regla de oro es desecharlos todos.

En mis clases de organización, cuando un cliente tiene dificultades para decidir qué papeles guardar y cuáles tirar, le hago preguntas sobre cada uno, por ejemplo: «¿Cuándo lo necesitas?», «¿Desde cuándo lo tienes?», «¿Con qué frecuencia vuelves a consultarlo?», «¿Puedes encontrar lo mismo en internet?», «¿Ya lo tienes guardado en el ordenador?», «¿Qué problema te supondría no tenerlo?» y «¿Te aporta realmente alegría?».

Si te cuesta decidirte entre conservar o no un documento concreto, no seas demasiado blando contigo mismo. No desaproveches esta valiosa oportunidad. Hazte preguntas severas y comprométete a organizar tus papeles de una manera tan concienzuda y completa que ya no tengas que volver a ordenar tan a fondo nunca más. Si la premisa de desecharlos todos te echa atrás, prueba a imaginarte que acabo de entrar en tu despacho y anunciar que voy a triturar todos tus papeles. ¿Qué harías? ¿Cuáles te apresurarías a salvar?

Según qué clase de trabajo tengas, quizá descubras que puedes desechar casi todos tus papeles. Una profesora de secundaria me dijo que había digitalizado todos los esenciales, con lo que había vaciado dos archivadores y también había mejorado su eficiencia.

Un director comercial que conocí tomó la costumbre de decidir si necesitaba o no un documento en cuanto llegaba a sus manos. Lo trituraba en el acto si no le hacía falta y ya no se le volvieron a acumular papeles nunca más. No obstante, tenemos que ser cuidadosos cuando usamos una trituradora. Ese mismo director acabó precipitándose tanto que se deshizo de la carta de dimisión de una de sus empleadas, con sobre y todo. (De hecho, era mi antiguo jefe y la carta que trituró sin darse cuenta era mía).

Cómo almacenar los papeles para no tener nunca una recaída

Es posible que algunos de los que habéis leído hasta aquí ahora estéis agobiados. Aunque ordenemos, seguro que los papeles volverán a acumularse enseguida, lo que hará inevitable una recaída. Pero no hay de qué preocuparse. Mientras te atengas a las tres reglas de almacenamiento que describo a continuación, los papeles ya no se te volverán a desordenar nunca más.

Regla 1: clasifica todos los papeles hasta la última hoja.

Empieza separando tus papeles en categorías claras, como presentaciones, propuestas de proyectos, informes y facturas. O podrías ordenarlos por fechas, proyectos o los apellidos de tus clientes, pacientes o alumnos. Uno de mis clientes, por ejemplo, tenía carpetas para Ideas de Diseño, Ideas de Gestión, Estudio del Inglés y Documentos para guardar y recordar. Usa el sistema que mejor te vaya.

Lo más importante es no guardar nunca ni una sola hoja de papel «solo porque sí». Ha llegado el momento de clasificar tus papeles de una manera que te facilite el trabajo. Asegúrate de separarlos todos por categorías.

Regla 2: guarda tus papeles en posición vertical.

Probablemente conozcas a personas que siempre están preguntando: «¿Dónde se ha metido esa carpeta?». A menudo se debe a que apilan sus carpetas en la mesa, unas sobre otras. Amontonar documentos tiene dos inconvenientes. En primer lugar, es difícil determinar cuántos tienes, por lo que no te das cuenta de cuántos acumulas con el tiempo y acabas con una mesa desordenada. En segundo lugar, te olvidas de las carpetas de abajo y pierdes tiempo buscándolas.

Si quieres ser eficiente de verdad, es fundamental almacenar tus papeles en un sistema de carpetas colgantes. Mete cada categoría de papeles en una carpeta distinta y guárdalas en un archivador o en posición vertical dentro de un estuche archivador colocado en un estante. Almacenar los papeles de esta manera te facilita ver cuántos tienes. También se ve limpio y ordenado.

Regla 3: crea una caja de papeles pendientes.

Crea una caja de papeles pendientes, en la que solo guardarás aquellos de los que tienes que ocuparte ese día. Una vez más, te recomiendo utilizar un estuche archivador vertical para poder ver con claridad cuántos papeles necesitan gestionarse. Si lo prefieres, puedes utilizar un archivador estilo bandeja y guardarlos en horizontal, pero asegúrate de no olvidar los papeles de abajo. Cuando te hayas ocupado de los papeles pendientes, tira los que no necesites guardar.

Al igual que ocurre cuando ordenas cualquier otra cosa, tener tus papeles organizados te facilita muchísimo su gestión porque sabes exactamente cuántos tienes de cada tipo y dónde están. Una vez que has clasificado tus papeles y has decidido dónde va cada categoría, mira alrededor y determina el espacio máximo de que dispones para guardarlos. Cuando sobrepases esta capacidad de almacenaje, los papeles empezarán a rebosar. Esa es la señal de que necesitas revisar lo que tienes. Busca papeles que ya no te haga falta guardar y despréndete de ellos. Revisándolos periódicamente de esta manera, puedes tener tus papeles ordenados en todo momento.

Cuidado con la trampa de escanear

Escanear es comodísimo. No hay nada más fácil que escanear un documento que has decidido desechar y guardarlo como datos. Pero precisamente esa comodidad puede ser a veces tu perdición.

Uno de mis clientes me dijo que quería escanear páginas importantes de sus libros antes de desecharlos, pero vio que tardaba mucho más de lo que esperaba. Durante ese tiempo, se dio cuenta de que escanearlas no le proporcionaba alegría, así que optó por fotografiarlas con el móvil. Pero eso también le llevaba más tiempo de lo que esperaba y, al final, decidió desechar sus libros sin guardar nada. En cuanto a las páginas escaneadas y fotografiadas que tantas molestias se había tomado por conservar, no las miró ni una sola vez.

Por poner otro ejemplo, durante nuestras clases de organización, el dueño de una clínica dental no paró de apartar papeles para escanearlos antes de tirarlos. Apenas hacía mella en el número total de papeles, mientras que la cantidad de los que debía escanear no paró de aumentar. Metidos en bolsas de papel en un rincón de su despacho, se quedaron ahí durante un mes, luego dos, después tres. Era imposible que pudiera ordenar a ese ritmo. Un año después, visité su despacho y me sorprendió mucho descubrir que las bolsas de los papeles que él había apartado para escanear seguían ahí, intactas. Al darse cuenta de que no había utilizado ninguno en un año entero, empezó a revisarlos, sacó solo los que eran totalmente necesarios y tiró los demás.

Por supuesto, algunos papeles importantes tienen que escanearse, pero, antes de empezar, pregúntate si verdaderamente necesitas archivar todos los papeles que has apartado para escanear. Es importante tener en cuenta no solo el tiempo que se tarda en escanearlos, sino también el tiempo que requerirá organizar y guardar los datos escaneados. Una cosa es que tengas un ayudante para realizar esa clase de trabajo, y otra muy distinta que vayas a hacerlo tú solo: podrías tardar muchísimo tiempo. Si aun así quieres escanear documentos para guardarlos, asegúrate de ponerte un horario para hacerlo. Si lo que te dices es que ya los escanearás cuando tengas un rato, no lo harás nunca.

Ordena tus tarjetas de visita y revisa sus relaciones

¿Alguna vez, al mirar una tarjeta de visita, te has preguntado de quién demonios es, incapaz de evocar una cara? Curiosamente, eso sucede con mucha frecuencia cuando se ordena. Siempre animo a mis clientes a aprovechar esta oportunidad para desechar cosas, pero muchas personas se sienten culpables tirando las tarjetas de visita. En Japón, algunos de mis clientes vacilan porque creen que estas tarjetas portan un pedazo del alma de su dueño. No obstante, si son tan preciadas, en vez de meterlas en un cajón y no hacerles ningún caso, tendría más sentido tratarlas con respeto, darles las gracias por la labor que han hecho y decirles adiós de una manera que proteja la información personal que contienen.

Cuando ordenes tus tarjetas de visita, júntalas todas y míralas de una en una. Un empresario al que asesoré tenía cuatro mil tarjetas de visita. Poco después de empezar nuestras clases, descubrió que no necesitaba ninguna porque estaba en contacto con casi todo el mundo a través de las redes sociales. También tenía las direcciones de correo electrónico de todas las personas con las que se había comunicado por esa vía. Desechó casi todas las tarjetas y escaneó unas cuantas que necesitaba guardar; a continuación, eligió unas diez que le daban alegría solo por ser de personas que admiraba.

Tú también puedes decir adiós a las tarjetas de visita de personas con las que ya estás conectado a través del correo electrónico o las redes sociales. Si no tienes tiempo para introducir la información en tu carpeta de contactos al momento, guarda sus direcciones de correo electrónico en tu ordenador o teléfono móvil escaneándolas o sacando una fotografía. También merece la pena sacar provecho de la nueva tecnología para guardar datos, como las aplicaciones que utilizan la cámara de tu móvil como escáner para grabar datos de las tarjetas de visita en tu lista de contactos.

En lo que a mí respecta, cuando hace poco ordené mis tarjetas de visita, me quedé con solo una: la de mi padre. La guardé porque hace más de treinta años que trabaja en la misma empresa. Cada vez que la miro, me recuerda vívidamente cómo ha mantenido a nuestra familia con su trabajo durante todos estos años. No podía separarme de ella, así que opté por asignarle un sitio en mi mesa.

Si tener algunas tarjetas de visita te inspira o te da energía, consérvalas con confianza.

Divide tus *komono* en subcategorías

«¡Esto no se acaba nunca! ¡Me dan ganas de tirar la toalla!».

«Estoy muy confundida».

«¡Me estoy volviendo loco!».

Cuando los clientes empiezan a mandarme correos desesperados como estos, casi siempre es que están ordenando sus *komono*. Esta es, a fin de cuentas, la categoría que más subcategorías tiene. Material de papelería, *komono* relacionados con aficiones, provisiones domésticas, *komono* de cocina, alimentos, artículos de baño… El mero hecho de enumerarlos es suficiente para que la cabeza te dé vueltas. Pero no te preocupes. En una oficina, el número de subcategorías de *komono* es mucho menor que en una casa y, si ya has conseguido ordenar tus documentos y papeles, también podrás con los *komono*.

Si abordas los *komono* con calma y a tu ritmo, enseguida te harás una idea global de qué clases tienes. Entre las subcategorías frecuentes en un espacio de trabajo típico están las siguientes:

Material de oficina (bolígrafos, tijeras, grapas, cinta adhesiva, etcétera).
Komono eléctricos y electrónicos (dispositivos digitales, aparatos, cables, etcétera).
Komono propios de la profesión (muestras de productos, material gráfico, suministros, piezas, etcétera).
Artículos de cuidado personal (cosméticos, medicamentos, suplementos, etcétera).
Comida (té, bocadillos, etcétera).

Empieza juntando todos los objetos de la misma subcategoría en el mismo sitio y cógelos uno a uno. Si tienes los cajones tan abarrotados que te cuesta ver lo que hay, sácalos y vacíalos en tu mesa o en el suelo. De esa manera, puedes coger las cosas que quieras conservar mientras las clasificas en subcategorías.

Material de oficina

El material de oficina puede ser de dos tipos: material de escritorio y consumibles. Cuando ordenes esta subcategoría, ordena cada tipo por separado.

1. Material de escritorio: incluye objetos como tijeras y grapadoras, de los que generalmente solo necesitas uno. Las personas que no saben qué tienen ni en qué cantidad suelen tener más de lo que necesitan. Uno de mis clientes, por ejemplo, había acumulado tres sacapuntas, cuatro reglas idénticas, ocho grapadoras y doce pares de tijeras. Cuando le pregunté por qué tenía tantos de cada, respondió de forma vaga que había perdido el primero y había comprado otro, que no se había dado cuenta de que ya tenía tantos, o que pensaba que sería práctico tener uno a mano. En el caso del material de escritorio, solo necesitas un artículo de cada para tu espacio de trabajo, así que escoge uno y despídete del resto. Si tu empresa

tiene un área para guardar material de oficina o un espacio de trabajo común, podrías dejarlos ahí.

2. Consumibles: incluyen objetos que tienes a mano y gastas, como notas adhesivas, clips, cuadernos, material de papelería y tarjetas. Aunque necesites tener repuestos, ¿tiene realmente sentido acumular una montaña de notas adhesivas que rebosa de tus cajones o un alijo de diez bolígrafos rojos? Piensa en cuántos de cada necesitas realmente en tu mesa, por ejemplo, cinco paquetes de notas adhesivas o treinta clips; luego, aparta la cantidad que has decidido que es apropiada y devuelve el resto al sitio donde tu empresa guarda el material de oficina.

Komono *eléctricos y electrónicos*

Al ordenar esta clase de *komono,* es bastante frecuente encontrar aparatos rotos o dispositivos que se han quedado anticuados. ¿Sirve de algo tenerlos en tu mesa? Los cajones de algunas personas están abarrotados de auriculares o cables de cargadores de móviles que ya no existen. Esto podría tener sentido si pensaran abrir una tienda de cables usados, pero ¿de verdad los necesitan todos? Algunos cables son tan inespecíficos que ni tan siquiera su dueño sabe ya para qué eran. El espacio para guardar cosas de tu mesa es limitado. Ahora tienes la oportunidad de averiguar qué son esos cables y decirles adiós con gratitud.

Komono *propios de la profesión*

Todos tenemos cosas que son exclusivas de nuestra profesión. Pueden ser pinturas y lienzos para los pintores, cuentas e hilo para los diseñadores de complementos o muestras de cosméticos de fabricantes para los columnistas de belleza. Dependiendo de nuestro oficio, el volumen puede ser abrumador o el contenido puede parecer aburrido. No obstante, precisamente porque estos objetos tienen una relación directa con nuestro trabajo, son los que mayor potencial encierran para generar alegría en nuestra vida una vez que nos ponemos a ordenar y para mantenernos motivados hasta el final.

Pongamos como ejemplo a Leanne, una artista que descubrió que las pinturas al óleo no le proporcionaban alegría, pese a ser valiosas herramientas de su oficio. Cambió de medio y creó un estilo nuevo. También está la ilustradora que cambió de profesión y se dedicó a diseñar vestuario después de descubrir su pasión por las telas, y la pianista que pasaba por un mal momento pero recuperó su pasión por la música cuando se deshizo de algunas viejas partituras. A menudo oigo historias similares. Para muchas personas con profesiones creativas, elegir solo las cosas que les aportan alegría parece colmarlas de inspiración y alimentar su creatividad. Ordenar el espacio físico y hacer más sitio para ti crea más espacio en tu mente, lo que permite que fluyan ideas nuevas y la creatividad.

Coge cada objeto de esta subcategoría y pregúntate si te da alegría. Si prestas atención a lo que sientes, la respuesta debería ser de una claridad sorprendente. Las células de tu cuerpo darán saltos de alegría o te pesarán como el plomo.

Artículos de cuidado personal

Estos artículos incluyen crema de manos, colirios, suplementos y otras cosas que nos ayudan a desempeñar nuestro trabajo con mayor facilidad. Pasarnos horas sentados en la oficina puede agarrotarnos los hombros, darnos dolor de espalda y fatigarnos la vista. Tener a mano productos para aliviar estas molestias físicas nos hace felices.

Kay, una clienta que trabajaba para una agencia de publicidad, adoraba todo lo que le ayudaba a relajarse. Durante nuestras sesiones de organización, encontramos muchos de estos artículos en su mesa y cajones, incluidos masajeadores del cuero cabelludo y antifaces desechables. Cuando le pregunté, me explicó que los necesitaba para ayudarle a relajarse porque tenía muchísimo trabajo. «Este producto ni tan siquiera se vende aún en Japón —dijo con orgullo—. Y este accesorio para el cuidado facial va a ser un verdadero éxito, creo». Era evidente que estaba obsesionada con esas cosas.

Intrigada por la gran cantidad que tenía, le pedí que me explicara cómo los usaba todos. Sin embargo, su respuesta me sorprendió. «Uso este aceite esencial cuando pierdo el último tren y necesito calmarme —dijo—. Y este antifaz relleno de hierbas aromáticas es para cuando me paso diez horas seguidas al ordenador. Esta pelota de masaje es genial para quitar contracturas. La pongo en el suelo cuando ya no queda nadie en la oficina y me tumbo encima. ¡La sensación es fantástica!».

Sus explicaciones eran minuciosas y detalladas. Cuanto más la escuchaba, más claro me quedaba que, pese a todos esos artículos para relajarse, el trabajo le resultaba muy duro. No pude evitar preguntarle: «Pero ¿te aporta alegría trabajar así?».

Al final, dejó de hacer tantas horas extra y se llevó a casa más de la mitad de los artículos. Ahora le gusta emplearlos para relajarse en casa después del trabajo. «Al pensar en mi vida profesional ideal, me di cuenta de que sería más feliz usándolos para relajarme en casa, no en la oficina». Tenía más color en las mejillas y parecía mucho menos estresada.

Por muy maravillosos que sean los productos para el cuidado personal que tienes en el trabajo, si tu vida profesional no te proporciona alegría, estás poniendo el carro delante de los bueyes. Empieza imaginando tu vida profesional ideal y después decide qué clase de productos para el cuidado personal te ayudará a hacer realidad ese ideal. Y qué clase no lo hará.

Tentempiés y artículos relacionados con la comida

Una clienta que trabajaba para una empresa de comunicación tenía tantas bolsitas de kétchup y sal, servilletas y tenedores de plástico de comidas para llevar que le ocupaban medio cajón. No obstante, hasta que se puso a ordenar, no fue consciente de lo mucho que guardaba. Descubrirlo la dejó asombrada.

¿Acumulas en tu mesa cosas como tentempiés, caramelos y chicles? En ese caso, mira las fechas de caducidad y pon un límite a la cantidad que tendrás a mano a partir de ahora. Esta es tu oportunidad para decir adiós a los excedentes y poner tu mesa en orden.

Por cierto, mientras daba clases de organización en empresas estadounidenses, descubrí una cosa de esta categoría que jamás se vería en una oficina japonesa. ¿Adivinas qué era? Bebidas alcohólicas. Puede que no ocurra en todas las empresas estadounidenses, pero, en las que visité, bastantes empleados tenían algunas en su mesa. Teniendo en cuenta que los trabajadores japoneses nunca bebían en la oficina, fue toda una revelación para mí. Conocer las diferentes características culturales es lo que hace que ordenar en otros países sea tan fascinante.

Objetos sentimentales

Esta última categoría es la más compleja porque consiste en cosas que tienen valor sentimental, como fotografías y cartas. Por eso la he dejado para el final. A medida que ordenas todas las demás categorías, descubres qué es lo que verdaderamente valoras y mejoras tu capacidad para escoger lo que te da alegría.

Al igual que con las otras categorías, empieza juntando todos los objetos en el mismo sitio. Cógelos de uno en uno con ambas manos y pregúntate: «¿Me proporcionaría esto alegría si lo tuviera en mi mesa ahora?». Si tu respuesta es que una vez te sirvió de apoyo en tu trabajo pero ya no lo necesitas, dale las gracias por lo que te ha dado y despréndete de él con gratitud. Aprovechar esta oportunidad para reflexionar sobre cómo cada objeto te ha permitido desempeñar tu trabajo con eficiencia da más sentido aún al proceso de ordenar. Si los objetos que te aportan alegría son demasiado numerosos para tenerlos todos en tu mesa, llévate algunos a casa. Puedes acelerar el proceso si los vas metiendo en una bolsa mientras ordenas. Solo acuérdate de llevarte la bolsa a casa cuando termines.

Si te cuesta ordenar los objetos sentimentales, prueba a fotografiarlos antes de desprenderte de ellos. Cuando Scott ordenó su despacho, le costaba decir adiós a las cartas y fotografías de sus hijas. Fotografiarlas le ayudó a desprenderse de ellas. Ahora reserva el sitio donde las tenía a las manualidades más recientes de sus hijas, lo que hace ese espacio más alegre.

¡Saca una foto y luego tíralo!

Las investigaciones han demostrado que fotografiar los objetos sentimentales puede ser eficaz para ayudarnos a desecharlos. En un estudio, los investigadores anunciaron una campaña de donación mediante dos carteles distintos que se colocaron en distintas residencias de estudiantes. Uno solo animaba a los estudiantes a donar parte de sus objetos sentimentales, mientras que el otro les instaba a fotografiarlos antes de donarlos. Se donó un 15 por ciento más de objetos en las residencias donde el anuncio instruía a los estudiantes que antes sacaran una foto.

S. S.

Dónde guardarlo todo

Una vez que has elegido únicamente las cosas que te dan alegría, es hora de guardarlas. Hay tres reglas de almacenamiento básicas.

Regla 1: designa un sitio para guardar cada objeto y almacena por categorías.

La razón de que la gente recaiga después de haber hecho el esfuerzo de ordenar es que no ha decidido dónde va cada objeto. Como no sabe dónde poner las cosas después de utilizarlas, su espacio vuelve a desordenarse. Por eso te conviene decidir dónde vas a guardar cada objeto. Es mucho más fácil mantener el orden si te acostumbras a devolver cada cosa a su sitio de inmediato.

Es importante no dispersar el almacenamiento de cosas de la misma categoría. Guardar en el mismo sitio todo lo que pertenece a la misma categoría te permite comprobar todo lo que tienes de un vistazo. Esto lleva ventajas asociadas. Cuando sabes lo que tienes, ya no acumulas más de lo debido ni compras objetos innecesarios.

En una oficina tipo, es frecuente guardar las tarjetas de visita y el material de papelería en el primer cajón; los objetos eléctricos y electrónicos, los artículos de cuidado personal y los relacionados con la comida en el segundo; y los documentos y papeles en el tercero. Esta es la distribución básica para guardar las cosas en una mesa de oficina típica, pero variará dependiendo de la clase de tareas que requiera tu trabajo. Haz las modificaciones necesarias y crea un espacio en el que te sientas a gusto trabajando.

Regla 2: utiliza cajas y guarda las cosas en posición vertical.

El espacio de almacenamiento de una mesa es muy limitado, así que te conviene maximizar su eficacia. Las cajas son estupendas para eso. Puedes utilizar cajas de varios tamaños para compartimentar los cajones. Guarda los objetos de la misma categoría en una que se ajuste a su forma y tamaño, por ejemplo, una caja pequeña para memorias USB y objetos similares, y otra mediana para productos de cuidado personal como los suplementos. Sobre todo, las cosas pequeñas se almacenan mejor si se ponen verticales en una caja que si se meten directamente en un cajón sin compartimentos. La caja impide que se disgreguen en un montón anónimo y te permite comprobar a simple vista dónde están las cosas cuando abres el cajón.

Cualquier clase de caja que quepa en tu cajón servirá. Puedes comprar cajas expresamente para este propósito o utilizar alguna vacía que tengas a mano en casa. Yo a menudo empleo cajas de tarjetas de visita y de móviles. Tienen las dimensiones justas para caber en el cajón de una mesa de oficina, lo que las hace muy fáciles de usar. El truco es almacenar todo lo que puedas en posición vertical. Esto no solo da mayor sensación de orden, sino que maximiza el espacio de que dispones. Todos los objetos que tengan la altura apropiada deben guardarse derechos. Yo almaceno así hasta las gomas de borrar y los tacos de notas adhesivas.

Regla 3: por norma, no guardes nada encima de la mesa.

Tu mesa es una superficie de trabajo, no un armario, así que, por norma, no dejes nada en ella. Elige un sitio en tus cajones y estantes para cada objeto o categoría. En lo

LA FELICIDAD EN EL TRABAJO

posible, las únicas cosas de tu mesa deberían ser las que necesitas en este momento para el proyecto en el que estás trabajando. Ten esta imagen de una mesa vacía en mente cuando empieces a almacenar tus cosas. Las personas que lo hacen suelen acabar con solo un ordenador portátil y un adorno o una planta en su mesa.

Designa un sitio para guardar incluso las cosas que usas a diario, como un bolígrafo o un bloc de notas. A mis clientes a menudo les sorprende descubrir que no viene nada mal guardar estas cosas para no verlas cuando no las emplean. En cuanto experimentan cómo una mesa limpia y ordenada les permite concentrarse en su trabajo, enseguida se enganchan a ese estado.

Por supuesto, esto no significa que tu mesa tenga que estar completamente vacía. Si te resulta más fácil trabajar cuando tienes todos los útiles de escritura sobre la mesa dentro de un portalápices en vez de metidos en un cajón, entonces es ahí donde deberías guardarlos. Lo importante es quedarse con la idea. Deberíamos partir de que no tendremos nada sobre la mesa y después elegir con mucho cuidado los objetos que creemos que nos proporcionarán más alegría o nos facilitarán el trabajo si están a la vista.

En resumen, almacena por categorías, utiliza cajas y no guardes nada sobre la mesa. Ten estas tres reglas presentes cuando planifiques tu almacenamiento. Decide dónde va cada cosa y ten una idea exacta de lo que posees, hasta de los objetos más pequeños.

Cómo ordenar puede cambiarte la vida

En el apartado anterior, he descrito los pasos para ordenar tu
espacio de trabajo físico con cada categoría. Espero que te
hayan sido útiles. Si sigues agobiado porque te parecen demasiados, o porque no has podido ordenar como es debido
pese a haberlo intentado muchas veces, no te preocupes.

He ayudado a muchas personas a ordenar su espacio
de trabajo. Incluso las que presumen de no tener nada
que tirar descubren que reducen las dos terceras partes
de sus cosas con solo sacar de su mesa todos los objetos de
la misma categoría, cogerlos uno a uno con ambas manos
y preguntarse si realmente les merece la pena conservarlos. Claramente, hay una enorme diferencia entre lo que
creemos que podría sernos necesario y lo que, de hecho,
sentimos que merece la pena conservar cuando nos enfrentamos a cada objeto por separado.

Asimismo, aunque muchas personas están convencidas
de que tienen tantas cosas que tardarán al menos medio año
en ordenar su mesa, es bastante común que terminen en
menos de una semana una vez que empiezan. Como ves, hay

una gran diferencia entre imaginar cómo será ordenar y hacerlo. Por eso precisamente sería una lástima leer este libro y no intentarlo, sobre todo si algo te encaja. Solo probándolo podrás experimentar el verdadero valor de ordenar.

Pero ¿cuál es su verdadero valor? Yo creo que es mucho más que sentirte estupendamente con tu mesa limpia y ordenada o al ver cómo mejora tu eficiencia laboral. Ordenar te permite redescubrirte. Cuando te enfrentas a los objetos que tienes uno a uno y te preguntas si te aportan alegría ahora o te la darán en el futuro, empiezas a ver con mucha claridad lo que realmente quieres y lo que te hace feliz. Cuando terminas de ordenar, tu actitud, tu comportamiento y las decisiones que tomas han cambiado. En consecuencia, tu vida experimenta una transformación espectacular. Lo he visto en innumerables clientes, pero aquí me gustaría explicarte el caso de Mifuyu y de qué manera ordenar le permitió hacer un importante descubrimiento sobre sí misma que le cambió la vida por completo.

La experiencia de Mifuyu que le cambió la vida

Mifuyu era una competente representante de marketing de una prestigiosa revista de moda que publicaba una importante editorial japonesa. Como se espera de una persona de ese sector, tenía un buen sueldo e iba vestida a la última. Su brillante carrera inspiraba envidia a muchos de sus compañeros. Pero, por alguna razón, siempre tenía la sensación de que algo no iba bien, de que estaba intentando ser alguien que no era. Decidió ir a clases de organización porque quería encontrarse a sí misma.

Mifuyu empezó por su casa, decidiendo qué conservar sobre la base de lo que le daba alegría. Para su sorpresa, descubrió que la chaqueta de dos mil euros o los vestidos de marca que tenía cuidadosamente colgados en el armario no le proporcionaban ninguna alegría. Tampoco se sentía atraída por los zapatos de tacón de aguja que apenas se había puesto. En cambio, solo quería conservar la ropa con la que se sentía totalmente a gusto, como una camiseta blanca, unos vaqueros y un sencillo chal azul marino, cuya textura le encantaba. Al final, solo conservó la cuarta parte de todo lo que tenía.

Impresionada por el impacto que ordenar había tenido en su vida, Mifuyu decidió probar con su lugar de trabajo. El fin de semana siguiente, entró en la oficina cuando no había nadie. Como suele ocurrirle a la gente que trabaja en editoriales, había revistas y manuscritos esparcidos por toda su mesa y sus cajones estaban abarrotados de papeles. No obstante, después de pasar cuatro intensas horas ordenando, su espacio de trabajo parecía otro, como si ella acabara de empezar a trabajar ahí. Lo único que conservó fueron dos carpetas transparentes de cosas pendientes, algunos artículos de papelería y tres libros.

El lunes, sus compañeros se quedaron mirando su mesa, estupefactos por su transformación. «¿Vas a marcharte?», le preguntaron. Pero la persona más sorprendida de todas era la propia Mifuyu. Y lo que más le asombraba era la transformación que había experimentado en su vida. Para empezar, se encontraba mucho más estable emocionalmente. No hacía mucho, le habían diagnosticado una depresión por estrés y había tenido que pedir la baja. Sin embargo, ordenar parecía haberle devuelto el equilibrio emocional y volvía a ser capaz de trabajar con calma y concentración.

Antes, cuando las cosas le iban mal en el trabajo, sus emociones eran como una montaña rusa. Echaba la culpa a la situación y a otras personas, diciéndose: «No era el momento adecuado» o «Es porque él dijo eso», o se hacía de menos, preocupándose y reprendiéndose siempre por errores pasados. No obstante, después de ordenar, fue capaz de aceptar sus errores de manera constructiva, diciéndose que la próxima vez intentaría hacer las cosas de otra manera e incluso agradeciendo las oportunidades para aprender que le brindaban.

Puede parecer que todo esto no tiene nada que ver con ordenar, pero muchas personas que terminan de hacerlo experimentan esta clase de cambios. Enfrentarnos a las cosas que tenemos cuando ordenamos es enfrentarnos a nuestro pasado. Habrá veces que nos arrepentiremos de nuestras compras o nos avergonzaremos de nuestras decisiones. Pero afrontar estos sentimientos con sinceridad y desprendernos de las cosas con gratitud por enseñarnos lo que verdaderamente necesitamos es reconocer nuestras anteriores decisiones. Repitiendo constantemente el proceso mental de identificar lo que de verdad queremos y decidir qué hacemos basándonos en lo que nos proporciona alegría, adquirimos una perspectiva positiva que reafirma cada decisión que tomamos.

«Sabía que mis actos eran responsabilidad mía —me dijo Mifuyu—. Pero, antes de ordenar, me costaba aceptar que la situación a la que me enfrentaba era consecuencia de mis propias decisiones. Estaba convencida de que era incapaz de tomar la decisión correcta cuando era verdaderamente importante. No obstante, al enfrentarme a mis posesiones una a una, empecé a ver las cosas de otra manera. Decidí no pensar tanto, vivir de manera más sencilla y convertir lo que me aportaba alegría en el criterio para tomar todas mis decisiones. Me di cuenta de que, en realidad, ser responsable de mis actos significaba ser fiel a mí misma en cómo vivía mi vida. Creo que eso me ayudó a relajarme y a ser más flexible».

El ritmo de trabajo de Mifuyu también mejoró de forma espectacular. Antes de ordenar, pensaba que los plazos se ponían para incumplirse y siempre terminaba en el último momento. Sin embargo, después de ordenar, acababa mucho antes de la fecha tope. «Ahora casi nunca pierdo tiempo buscando cosas. Aunque no tenga un documento que necesito, puedo pedírselo a un compañero o bajármelo. Es mucho más rápido y eficiente ver de inmediato que no tienes algo y hacer lo que corresponde que pasarte siglos buscando en tu mesa sin tan siquiera estar segura de si lo que buscas está ahí». Su vida es mucho menos estresante ahora que ya no pierde tiempo en esas cosas.

Hay otra razón de que su ritmo de trabajo haya aumentado. No solo usó el método KonMari para ordenar su casa y despacho, sino también para ordenar sus datos, como los contactos de su teléfono móvil, sus relaciones, su material de trabajo y su tiempo, decidiendo qué conservaba en función de si le daba alegría o si era indispensable para el estilo de vida ideal que imaginaba. En consecuencia, dejó cometidos que no necesitaba y estableció un estilo de trabajo centrado exclusivamente en lo que creía que de verdad importaba.

Tres años después, Mifuyu era comentarista de televisión en las noticias nacionales y autora de varios libros. Dejó la empresa para trabajar por su cuenta, haciendo realidad su sueño, largamente acariciado, de ser independiente. En Japón, es un claro ejemplo de mujer que ha establecido un estilo de trabajo propio que la distingue. Viaja por el mundo con solo un teléfono móvil y un ordenador, y solo hace trabajos que le gustan de verdad con personas que le caen verdaderamente bien. Su propio estilo de vida le proporciona material para sus libros. Ordenando su espacio de trabajo tanto físico como no físico y eligiendo solo lo que le generaba alegría, infundió alegría en el trabajo en el mejor sentido de la palabra.

Pasar de ordenar los aspectos físicos de tu espacio de trabajo a ordenar los no físicos

Al igual que Mifuyu, muchas personas que terminan de ordenar su espacio de trabajo físico quieren reexaminar los aspectos no físicos de su trabajo, como los datos digitales de su ordenador y los correos de su bandeja de entrada, así como sus redes de contactos y la gestión de su tiempo. Cuando las personas han ordenado su espacio físico eligiendo lo que les proporciona alegría y experimentan lo liberador que resulta trabajar en un entorno limpio y ordenado, creo que es una reacción natural querer ordenar todo lo demás.

Pero ¿cómo lo hacemos? Aplicando los principios del método KonMari descritos en el capítulo 2: imagina tu estilo profesional ideal, ordena por categorías, ponte una fecha tope clara y ordena de manera rápida y completa, de un tirón. Cuando decidas qué conservas y qué desechas, remítete a los criterios explicados en las páginas 60-61: cosas que te generan alegría directamente, cosas que la proporcionan por su utilidad y cosas que te la darán en el futuro.

Dicho esto, cada una de las categorías no físicas tiene ciertas características únicas que influyen en cómo se ordena. Scott las trata con detalle en los capítulos 4 a 10, mientras que yo aporto algunas de mis ideas sobre ordenar los datos digitales, el tiempo, las redes de contactos y las decisiones, así como las reuniones, los equipos y la cultura de la empresa, temas que no podemos evitar si queremos generar alegría en el trabajo cuando colaboramos con otras personas.

Si la lista de categorías no físicas te parece abrumadora, no permitas que eso te detenga. En cuanto empieces, te sorprenderán las ganas que tienes de aplicar tus técnicas de organización a otras áreas de tu vida. Así de grande es el impacto que puede tener ordenar. Así pues, grábate en la mente esa imagen de una vida profesional alegre y sigue adelante.

4

Ordenar el espacio de trabajo digital

Tony, profesional de marketing en una compañía eléctrica con sede en Reino Unido, solía perder mucho tiempo decidiendo dónde guardar y buscar sus documentos digitales. Entre la nube, las aplicaciones de Microsoft, el disco duro de su ordenador y las herramientas de colaboración, como Yammer, sus documentos digitales eran un caos. El constante flujo de correos electrónicos y mensajes de voz y texto que tanto tiempo le ocupaba solo le hacía la situación más insoportable aún.

La tecnología de Tony se había apoderado de su día laboral (¡y de sus noches y fines de semana!) y tenía que hacer algo. Dio el audaz paso de cambiar el mensaje de su contestador automático:

«No escucharé su mensaje de voz. Por favor, mándeme un correo electrónico y atenderé y contestaré su petición como corresponde».

Por supuesto, la gente tenía muchas otras vías para contactar con él, pero por fin se sintió con más control en el trabajo. El cambio le animó a atreverse con el correo electrónico. No podía desconectarse de él sin que lo despidieran: ¿quién puede? Así que hizo lo que pudo. Abrió todos los correos de su bandeja de entrada a diario para que no se le acumularan. Respondió a las peticiones sencillas el mismo día y se ocupó de todo lo demás en menos de una semana. Ahora está mucho más feliz en el trabajo, y sus compañeros se dieron cuenta. Esa medida que al principio pareció tan radical la acabaron adoptando muchos de ellos.

Hay montones de consejos sobre cómo gestionar tu correo electrónico y organizar tus archivos y teléfono móvil. También hay mucha variedad en lo que parece más apropiado cuando se trata de administrar nuestra vida digital. Cada trabajo tiene sus requisitos tecnológicos. En algunas empresas, hay que utilizar un programa de mensajería interna concreto. En ciertas profesiones, como la medicina y la justicia, hay que estar siempre conectado. Debes encontrar lo que te vaya mejor a ti para poder mantenerlo. Cuando ordenas tu vida digital, tu principal objetivo es hallar la manera de tener más control sobre la tecnología.

Para la mayoría, la vida digital consta de tres partes principales: documentos digitales, como informes, presentaciones y hojas de cálculo; correos electrónicos; y aplicaciones del teléfono móvil. Las tres tienen el mismo problema: es fácil guardarlo todo, así que eso es lo que hacemos, pero hasta tal punto que nos parece que hemos perdido el control de una tecnología que está pensada para ayudarnos. Y a diferencia de los objetos físicos, no nos damos cuenta de que los digitales se amontonan hasta que es demasiado tarde: nos hemos quedado sin espacio de memoria, no encontramos algo, nuestro dispositivo va a paso de tortuga o tenemos un bombardeo constante de notificaciones. No debería ser así.

Para tener el control de tu vida digital, procede categoría a categoría: primero los documentos, después los correos electrónicos y por último las aplicaciones del teléfono móvil.

No necesitas muchas carpetas para tus documentos digitales

Empieza por el área «Documentos» de tu disco duro o unidad de red y las carpetas que contiene, donde tendrás la mayor parte de tus documentos digitales.

Después, pasa al escritorio. En cuanto al resto de carpetas que hay en la mayoría de los ordenadores, como las de imágenes o vídeos, también puedes hacer algo parecido. Dentro del área «Documentos», incluidas las carpetas que contiene, examina cada archivo y pregúntate:

«¿Necesito este documento para hacer mi trabajo?».
«¿Me servirá este documento de guía o inspiración en mi futuro trabajo?».
«¿Me da alegría este documento?».

Si la respuesta es no a todas estas preguntas, borra el documento.

Quizá te acuerdes de qué trata el documento solo por el nombre del archivo, pero puedes necesitar abrirlo. Si una subcarpeta contiene archivos sobre un tema que no conservas, no dudes en borrarla entera.

No quiero buscarte problemas, así que asegúrate de cumplir la normativa en materia de documentos de tu organización o los criterios de tu sector relativos a conservar archivos. Si no te permiten borrar archivos, muévelos a un área distinta de tu área de documentos principal. Aunque seguirán ocupando espacio de memoria, los archivos estarán separados de los que quieres conservar activamente. Con menos distracciones visuales, te resultará más fácil encontrar lo que necesitas.

Al margen del sector u organización, casi todo el mundo puede eliminar borradores de documentos y listas de tareas terminadas, así como vaciar la papelera de reciclaje de su ordenador. Yo vacío la mía el último día de cada mes.

Muestra gratitud por las cosas de las que te desprendes

Despréndete de tus datos digitales con gratitud, como hacemos con las posesiones materiales. En vez de dar las gracias a todos y cada uno de tus archivos, enciende tu «interruptor de gratitud» y mantén ese sentimiento mientras organizas tu desorden digital.

Lo importante es decir adiós a cada dato, hasta el archivo más insignificante, agradecido por el papel que ha desempeñado en tu vida. Mientras puedas hacer eso, no tienes que preocuparte de hacer nada más.

M. K.

La tecnología de búsqueda ha mejorado de forma tan espectacular que te hace mucho más fácil organizar tus

LA FELICIDAD EN EL TRABAJO

documentos. No obstante, las investigaciones demuestran que preferimos encontrar los archivos mirando en nuestras carpetas a hacerlo utilizando herramientas de búsqueda. Por alguna razón, nos reconforta saber la ubicación exacta de un documento digital. Aunque suelas hacer búsquedas para encontrar tus archivos, es importante organizar tus datos digitales. Si tienes demasiados archivos diseminados por todas partes, tus búsquedas pueden darte resultados equívocos. ¡No querrás que una búsqueda de tu última «operación» de bolsa te devuelva resultados de tu reciente operación de rodilla! Y si tienes muchas versiones parecidas de un documento, puede costarte saber cuál es la más reciente.

Crea un puñado de carpetas principales para pensar lo menos posible en dónde guardas o buscas algo. A continuación, puedes usar la herramienta de búsqueda dentro de una carpeta para encontrar rápidamente lo que necesitas. Cada trabajo tiene requisitos distintos, pero las tres carpetas principales que yo uso deberían servir para muchos tipos de ocupaciones.

Proyectos en curso, con una subcarpeta para cada proyecto. (Deberías intentar que nunca pasaran de diez. Al fin y al cabo, ¿cuántos de nosotros trabajamos en más de diez proyectos a la vez? Si tú lo haces, en el siguiente capítulo aprenderás a organizarte el tiempo).

Documentación, que contiene las normativas y procedimientos que consultas a menudo. Normalmente, estos archivos te los facilitan otras personas y, por lo general, tú no los modificas. Por ejemplo, contratos legales y archivos de los empleados.

Trabajos guardados, que consiste en documentos de proyectos anteriores que usarás en el futuro. Por ejemplo, archivos que pueden ayudarte con nuevos proyectos, como una presentación de un cliente anterior que puede servirte de plantilla para uno futuro. Otros tipos de trabajos guardados pueden ser investigaciones que has realizado que podrían serte útiles más adelante, como una comparativa de competidores o una investigación del sector. Puede que también quieras guardar algunos proyectos a fin de tener una cartera para enseñarla a posibles clientes o a nuevos empleados con fines formativos.

Si guardas archivos personales en el mismo espacio, añade la carpeta «Personal» para no mezclar archivos personales y de trabajo.

Ten los documentos digitales ordenados. Mantenerte organizado es mucho más sencillo cuando tienes un número reducido de carpetas principales intuitivas. Si decides conservar un nuevo archivo, ponlo en la carpeta más apropiada. De lo contrario, bórralo. La utilidad de tus carpetas mejorará si eres sistemático en poner archivos parecidos en la misma carpeta y en guardar solo los que necesitas. Cuando termines un proyecto, decide si te merece la pena moverlo a tus «Trabajos guardados» o si puedes deshacerte de él. No es necesario conservar documentación como normativas de empresa si están accesibles en otros sitios o ya no vas a necesitarlas.

Que tu escritorio te encante

Tu escritorio debería ser un lugar especial, pero para muchos es un vertedero. Los escritorios a menudo están abarrotados de archivos descargados que solo se han utilizado una vez, fotografías antiguas o documentos olvidados. ¡Yo tenía tantos archivos en mi escritorio que ni tan siquiera podía leer los nombres! Cada vez que me conectaba me encontraba con un desorden visual, y prácticamente todo lo que tenía en el escritorio ya no me era útil.

Transforma tu escritorio en un lugar que te ayude a hacer tu trabajo y te dé alegría.

El escritorio puede incluir documentos pendientes de los que tienes que ocuparte, como informes sin leer, presentaciones en las que trabajarás hoy o facturas pendientes. Yo también tengo en el escritorio una carpeta que llamo «Alegría». En mi caso, podría contener archivos como una publicación científica de la que estoy muy orgulloso, una evaluación docente reciente o un vídeo de una charla. Actualizo estos elementos a medida que publico nuevos artículos, imparto nuevas clases o me contratan para nuevas charlas. También tengo una fotografía reciente de mi familia. Por último, elige un fondo de pantalla motivador para tener un telón de fondo que te dé alegría.

El escritorio de Marie

Lo único que tengo en mi escritorio es una carpeta que llamo «Almacenamiento» y cualquier elemento, como fotografías, que quiero utilizar ese día.

Considero que el escritorio de mi ordenador es un espacio de trabajo, igual que mi mesa, así que solo guardo las cosas que tengo la intención de usar inmediatamente. Mi carpeta de almacenamiento es como un archivador. Dentro hay dos carpetas, una llamada «Documentos» y otra llamada «Fotos», así como un documento que tengo que revisar pronto y fotografías que utilizaré en los próximos días. La carpeta «Fotos» contiene fotografías que me gustaría utilizar en los próximos proyectos.

La carpeta «Documentos» contiene documentos, presentaciones de PowerPoint y archivos en PDF. Me encanta clasificar y organizar, así que, en mi caso, tengo una carpeta distinta para cada una de estas categorías, pero, para serte sincera, no hace falta llegar a ese extremo. Puedes encontrar fácilmente cualquier documento buscándolo por palabras clave.

Es en la carpeta «Fotos» donde las categorías sí son fundamentales. Cuando se descargan, las fotos suelen tener nombres irreconocibles que es difícil buscar, pero es poco realista cambiarlos todos. Por eso es mejor separarlas en carpetas según su uso. En mi caso, tengo carpetas para fotografías que quiero conservar para el trabajo, por ejemplo, «Fotos sobre organización» y «Cubiertas de libros», así como carpetas que llamo «Para Instagram» o «Para mi blog», en las que guardo de forma temporal fotografías pendientes que borro cuando termino.

La alegría que da un escritorio ordenado puede ser muy adictiva. Pero debo confesar que solo empecé a tener el mío organizado hace poco. Un día un admirador se acercó para hablar conmigo en un café mientras yo estaba trabajando en mi ordenador portátil. Me dio tanta vergüenza el desorden de mi pantalla que desde entonces mantengo mi escritorio ordenado.

La forma de clasificar tus carpetas digitales dependerá de lo que te resulte más fácil en tu profesión. Las ideas anteriores solo son consejos que pueden servirte de referencia.

M. K.

No permitas que el correo electrónico rija tu trabajo

Enviamos y recibimos demasiados correos electrónicos, eso ya lo sabes. Pero quizá no seas consciente de la gravedad del problema. El administrativo típico dedica en torno a la mitad de su jornada laboral a ocuparse del correo electrónico, y las investigaciones demuestran que más de la mitad de los empleados piensan que el correo electrónico interfiere en la ejecución de su trabajo. Ese era sin duda el caso de Sasha. Como muchos pequeños empresarios, esta consultora de branding sentía la necesidad de estar siempre a disposición de sus clientes. Estaba tan agobiada por mirar continuamente el correo electrónico que le afectaba al sueño, y al negocio. «Pasaba tanto tiempo esforzándome por llevar el correo electrónico al día y no desorganizarme que eso estaba frenando gravemente mi desarrollo profesional y productividad», me confesó.

Las investigaciones revelan que cuanto más tiempo dedicas al correo electrónico, más disminuye tu productividad y más aumentan tus niveles de estrés. Sasha sabía que a ella le ocurría, así que empezó a programar tiempo en su calendario para responder los mensajes de sus clientes y evitó el correo durante el resto de la jornada. Comunicó a sus clientes las «horas de oficina» de su correo electrónico. Al principio, le preocupaba que se molestaran y tuvieran la impresión de que la calidad del servicio había empeorado. En realidad, todos salieron ganando. Sasha tenía el tiempo que tanto necesitaba para concentrarse en su verdadero trabajo y sus clientes recibían menos correos electrónicos suyos que iban más al grano.

Sé que es tentador mirar el correo electrónico a todas horas. A mí también me ocurre. Me preocupa que se me pase algo importante y hay una parte de mí que piensa que ser responsable significa estar siempre atento. Pero me gusta recordarme que tengo otras obligaciones, que suelen ser más importantes. Si estás constantemente tentado de leer y responder, ponte tu propio horario de oficina para el correo electrónico y date espacio para disfrutar de tu trabajo sin interrupciones, aunque solo sea desconectar del correo electrónico durante treinta minutos al día.

Los estudios revelan tres maneras principales en las que la gente tiende a abordar el correo electrónico. Las tres pueden causar problemas.

Algunas personas limpian su bandeja de entrada constantemente. Estos **archivadores frecuentes** siempre están pendientes de los correos entrantes y, cuando reciben uno, entran en acción en el acto. Dejan lo que están haciendo, leen el correo y lo archivan de inmediato. He aquí el problema: una sola interrupción para leer un correo electrónico puede requerir veintiséis minutos para continuar el trabajo donde se había dejado.

Los archivadores frecuentes terminan haciendo aún más daño si además utilizan un sistema de carpetas complejo y fragmentado. Aparte de requerir mucho tiempo de mantenimiento, con este sistema es difícil encontrar nada y archivar los correos se hace pesado. De hecho, las investigaciones demuestran que tener más de veinte carpetas es demasiado complicado de gestionar. Con demasiadas carpetas, pasamos mucho tiempo buscando la apropiada para archivar los correos y, después, recordando dónde los hemos puesto.

Una segunda forma de gestionar el correo electrónico es limpiar la bandeja de entrada cada pocos meses. Estos **limpiadores a fondo** pasan por ciclos de desorden en los que no encuentran nada, seguidos de breves períodos de bandejas de entradas casi vacías después de haber borrado la mayor parte de los correos. Es lo peor de ambos mundos: por una parte, viven rodeados de desorden y, por otra, pierden correos importantes. Sé que a veces nos sentimos eufóricos cuando pasamos instantáneamente de una bandeja de entrada llena a otra vacía. Esa euforia se trocará en frustración con la misma rapidez si borramos por error un correo importante.

Un tercer enfoque es dejar que los correos electrónicos se acumulen en la bandeja de entrada. Estos **no archivadores** no saben gestionar su correo electrónico o no quieren hacer el esfuerzo. Tienen que confiar en la función de búsqueda del programa gestor de su correo electrónico. La tecnología de búsqueda es bastante buena, pero funciona mucho mejor, y más rápido, si no se ve obligada a examinar montañas de correos sin importancia.

Gestionar el correo electrónico no tiene por qué ser complicado ni ocupar mucho tiempo. Limítate a conservar solo lo que necesitas para el futuro y archiva los correos en un número razonable de carpetas.

Empieza por tu bandeja de entrada, que es un espacio temporal para los correos de los que tienes que ocuparte. Su función no es guardar correos que quieres conservar de forma permanente ni almacenar todos los correos que recibes.

Cuando decidas entre conservar o no un correo, pregúntate:

«¿Necesito conservar este correo para hacer mi trabajo en el futuro?». (A veces necesitamos releer un intercambio de correos electrónicos o documentar una conversación).

«Releer este correo ¿me proporcionará conocimientos, inspiración o motivación para el trabajo futuro?».

«¿Me da alegría este correo?».

Encuentra un enfoque que tenga lógica para ti y tu trabajo. Al igual que con los documentos digitales, proponte tener una cantidad razonable de carpetas, por lo general diez o menos, incluidas las subcarpetas. Como puedes buscar los correos, si los proyectos están relacionados, no hay problema en archivarlos en la misma carpeta. Por ejemplo, si tienes proyectos como «Blog», «Instagram» y «Facebook», puedes crear una carpeta llamada «Redes sociales» para archivar distintos proyectos relacionados con redes sociales.

Otras carpetas útiles pueden ser las de archivar documentación, por ejemplo los correos sobre normativas que te manda tu jefe. Y a mí también me gusta tener una carpeta que llamo alegría, donde guardo los correos que leo cuando tengo un mal día: mensajes de alumnos dándome las gracias por una clase estupenda, elogios a mis investigaciones de otros académicos y felicitaciones de clientes por mi asesoramiento o charlas. Si hay un archivo adjunto importante que quieres conservar, normalmente es mejor guardarlo en la correspondiente carpeta con tus otros documentos digitales.

Cuando hayas limpiado tu bandeja de entrada y archivado los correos, céntrate en las carpetas que tienes. Empieza identificando las que te merece la pena conservar. Tardarás muchísimo tiempo en revisar cada correo si los has ido guardando todos. Desecha las carpetas que ya no necesitas; en mi caso, son las carpetas de clases que ya he terminado de impartir. Una vez más, asegúrate de cumplir los requisitos en materia de retención de datos de tu organización o sector. Asimismo, deja tu carpeta de «Enviados» como está. Puedes usar la función de búsqueda si necesitas encontrar un correo y no merece la pena mirar los correos uno a uno para seleccionarlos.

Por último, ocúpate de tus correos a diario. Cuando te llegue uno nuevo, pasa de pensar que todo se conserva a pensar que todo se desecha, a menos que haya una buena razón para guardarlo. Es mejor repartir la gestión del correo en unas pocas sesiones diarias, por ejemplo al principio y al final de la jornada laboral. Descubrirás que algo que creías que necesitabas responder por la mañana se ha resuelto al final del día. Programarte el tiempo para el correo electrónico también reducirá al mínimo las distracciones y te permitirá concentrarte en el trabajo que más te importa. Informa de tu sistema a las personas que dependen de ti y proporciónales otra manera de ponerse en contacto contigo por asuntos muy urgentes para no verte obligado a mirar el correo constantemente.

Quizá pienses que el método que acabo de describir nunca dará resultado contigo. Eres un no archivador y te dices: «He descuidado mi correo durante tanto tiempo que soy un caso perdido». Si la situación te supera, tengo un sencillo truco para ti. Coge todos tus correos y vuélcalos en una carpeta de archivos. Podrás hacer búsquedas dentro de la carpeta si necesitas recuperar algo, aunque obtengas resultados equívocos. Después, empieza de cero para solo conservar los que quieres y organiza los correos que te lleguen de ahora en adelante mediante un selecto grupo de carpetas, procurando que nunca pasen de diez. ¿Te desconcierta que, en este mundo digital, se te permita mover el desorden digital de tu bandeja de entrada a un lugar de almacenamiento? Yo escogería una mayor sensación de control sobre tu vida digital antes que un correo electrónico perfectamente ordenado, si eso te da más alegría.

Sea cual sea tu manera de abordar el correo electrónico, seguro que todos estamos de acuerdo en que recibir menos correos es algo bueno. No confundas tu correo con tu trabajo. El correo electrónico es una de las muchas herramientas que te permiten hacer el trabajo, pero no es tu trabajo.

Empieza por los boletines informativos y las listas de correo electrónico. Tú te suscribiste a ellos, quizá para mejorar en tu trabajo. Es el momento de la verdad: ¿cuáles te ayudan a alcanzar tu vida profesional ideal y cuáles son solo otra distracción? Ordena partiendo de la premisa de que vas a borrarte de todos y solo conserva los que te generan alegría. Haz lo mismo con cualquier boletín informativo que recibas después de ordenar.

A continuación, reduce la cantidad de correos que mandas a otras personas. Solo porque enviar un correo sea fácil no significa que debas hacerlo. Además, darás buen ejemplo a los demás si solo les mandas los correos necesarios para hacer el trabajo. Y al enviar menos correos, es probable que recibas menos respuestas.

Manda correos solo a las personas que tienen competencias para actuar o necesitan que les consulten o informen. No te vuelvas loco poniendo a todo el mundo en copia. Si es oportuno, habla con tus compañeros, pregúntales si quieren que los incluyas en una cadena de correos y entérate de sus preferencias. Párate a pensar un momento antes de poner a alguien en copia en un correo y sé franco contigo mismo: ¿lo añades porque de verdad necesita que le informes o tú necesitas que te responda? Estas son buenas razones. No pongas a nadie en copia para avergonzarlo o acusarlo en un grupo ni para hacerte parecer más importante.

Ten especial cuidado con el botón «Responder a todos». Si necesitas que el remitente te haga una aclaración, hazle la pregunta solo a él. No seas la persona que satura sin querer la bandeja de entrada de todos confirmando al grupo entero tu asistencia al acto de esa noche.

La bandeja de entrada de Marie

Cuando veo un montón de correos electrónicos acumulados, siempre me hace pensar en un buzón abarrotado de cartas.

Los únicos correos que dejo en mi bandeja de entrada son los que tengo pendientes, como los que requieren una respuesta o alguna clase de actuación, o los que quiero leer más a fondo en otro momento. Para mantener un volumen razonable, limito el número de correos pendientes a cincuenta, la cantidad máxima que cabe en la pantalla sin desplazarse por ella. Si tengo que guardar alguno, los archivo en unas pocas sencillas carpetas llamadas «Trabajo», «Personal» y «Economía». Los correos son especialmente fáciles de encontrar con la función de búsqueda, así que no hace falta crear muchas categorías.

Borro los mensajes que no necesito en el acto, como los boletines informativos que he terminado de leer. «Spam» y «Trash» se borran de forma automática al cabo de treinta días, pero a mí me pone nerviosa que los correos se acumulen, así que a veces borro manualmente todo lo que hay en estas carpetas. Quizá sea un poco radical, pero hasta los practicantes del feng shui dicen que ordenar tu bandeja de entrada te traerá la información que necesitas cuando la necesitas. Si notas que no has estado recibiendo buena información cuando te hace falta o quieres mejorar tu suerte en el trabajo, te recomiendo encarecidamente que ordenes tu bandeja de entrada.

M. K.

Cuantas menos aplicaciones, menos distracciones

Una persona corriente usa el teléfono móvil ochenta y cinco veces diarias, lo que representa más de cinco horas. Hay una razón para ello. Muchas aplicaciones están expresamente diseñadas para crear adicción y pueden distraernos de hacer nuestro trabajo.

Tal vez te sorprenda saber que la mera presencia de un móvil puede afectar a tu rendimiento, aunque lo tengas, silenciado, en tu mesa. En un experimento, los investigadores instruyeron a los participantes que dejaran el móvil en uno de tres sitios: sobre la mesa, en el bolsillo o bolso, o en otra habitación. A continuación, les pidieron a todos que desempeñaran las mismas tareas, entre las que estaban realizar operaciones matemáticas y una sencilla prueba de memoria. Todos los teléfonos tenían las notificaciones silenciadas y estaban boca abajo si su sitio era la mesa. Eso hacía imposible que los participantes supieran si recibían mensajes o avisos.

Cuando los investigadores analizaron los resultados, descubrieron un hecho sorprendente. Cuanto más accesible estaba el móvil (y donde más lo estaba era sobre la mesa), peor les habían ido las pruebas de matemáticas y memoria. ¡La presencia del móvil había hecho que su rendimiento fuera deficiente! Los investigadores razonaron que la mera idea de saber que lo tenían cerca los distraía y agotaba mentalmente, aunque estuviera silenciado y la pantalla no se viera. Pensar en lo que puedes estar perdiéndote en tu móvil o preguntarte qué más podrías estar haciendo si lo tuvieras en la mano consume recursos mentales. En otro estudio, tener el móvil durante un examen bajó las notas de los alumnos. Sí, los móviles pueden mejorar la productividad, pero, cuando estamos demasiado apegados a ellos, afectan a nuestro trabajo. Silencia todo salvo las notificaciones imprescindibles y ten el móvil fuera de tu vista cuando no lo necesites. Apágalo durante las comidas y tenlo lejos por la noche. Y no es necesario que te lo lleves a todas partes. Un estudio reciente halló que casi las tres cuartas partes de los estadounidenses se llevan el móvil al baño. Créeme, ¡el correo, el mensaje de texto o la notificación puede esperar hasta que hayas tirado de la cadena!

Si tuvieras menos aplicaciones en el móvil, tendrías menos distracciones y menos razones para no despegarte de él. Es verdad que hace ilusión descargarse la última aplicación, pero el caso es que la mayoría de la gente nunca borra ninguna, aunque ya no la necesite ni le dé alegría. Si ordenas tus aplicaciones, tendrás más espacio y aumentarás la duración de la batería para las que te aportan alegría.

Coge el móvil y revisa tus aplicaciones una a una. Primero, pregúntate: «¿Es esta aplicación necesaria?». Algunas empresas requieren determinadas aplicaciones para todos los empleados o para trabajos concretos, así que esas tendrás que conservarlas.

A continuación, pregúntate: «¿Me ayuda esta aplicación a trabajar mejor?». Sea una aplicación de productividad o un gestor de gastos, conserva las aplicaciones que te permitan mejorar en tu trabajo o te acerquen más a tu vida profesional ideal. No pongas excusas para conservar aplicaciones como «La he pagado» o «Algún día podría serme útil». Si lleva meses inactiva en tu móvil, no vas a despertarte un día y de repente utilizarla.

Por último, pregúntate: «¿Me genera alegría esta aplicación?». Conserva las aplicaciones con las que verdaderamente disfrutes.

Si, después de plantearte estas preguntas, descubres que no te merece la pena conservar una aplicación, despréndete de ella. Si, por alguna razón, la necesitas más adelante, es fácil descargártela otra vez y normalmente no tienes que volver a pagarla.

Después de reducir tu número de aplicaciones, es hora de dividirlas en categorías y organizar tu pantalla. Cuando vayas a hacerlo, piensa en el propósito que cumple cada aplicación y en la frecuencia con que la usas. Una posibilidad es poner juntas las aplicaciones más usadas en la pantalla de inicio. Otra es dividir las aplicaciones en unas pocas carpetas como «Productividad», «Empresa», «Redes sociales», «Viajes», etcétera. Si no tienes muchas aplicaciones, puedes separarlas simplemente en «Trabajo» y «Casa».

Como cada uno usa el móvil de distinta manera, en este caso no hay un único método que sea el mejor.

Las aplicaciones de Marie

De hecho, la pantalla de inicio de tu móvil puede proporcionarte mucha alegría si la mantienes ordenada. Yo tengo las aplicaciones que uso a menudo —como el correo, el calendario y las aplicaciones de fotografía— en la pantalla de inicio y pongo las demás en tres carpetas llamadas «Negocios», «Vida» y «Alegría». Solo tengo unas diez aplicaciones a la vista y me esfuerzo por repartirlas entre tres pantallas distintas y alinearlas en la parte de arriba. De esa manera, puedo ver lo que me genera verdadera alegría cada vez que miro el móvil: fotos de mis hijas.

Ordenar es mucho más divertido cuando nos centramos en cómo conseguir que la pantalla de nuestro móvil nos dé alegría en vez de hacerlo en lo desordenada que está.

M. K.

Recuerda que tú mandas sobre tu tecnología. Permite que la tecnología te ayude a avanzar en tu vida profesional y a ver con más claridad cuánta alegría puede proporcionarte tu trabajo. Cuando ordenes tus documentos digitales, correos electrónicos y aplicaciones de móvil, empezarás a darte cuenta de que solo son herramientas para ayudarte a trabajar, ¡no un almacén que archiva toda tu vida profesional!

5

Ordenar el tiempo

Antes, Christina siempre empezaba el día a las seis de la mañana y lo terminaba alrededor de medianoche en su cocina, tomándose lo único que comía allí en todo el día: un tazón de cereales. Era uno de sus excepcionales momentos de tranquilidad en casa, porque pasaba la mayor parte del día en un trabajo que le resultaba insoportable. Sobre el papel, su puesto parecía ideal para ella. Dirigía una empresa emergente acogida por una gran organización sin ánimo de lucro, lo que combinaba su pasión por ayudar a los demás con su espíritu emprendedor. Así pues, ¿cuál era el problema?

¡La agenda de Christina era un desastre! Cuando empezó a sentirse poco valorada en el trabajo, aceptó otros proyectos. Razonó que ocupar su agenda con labor de voluntariado y estudiando un segundo máster le haría sentirse más inteligente, con más talento y más productiva. Pero no fue así. Estaba agotada.

Pese a su apretada agenda, si alguien le pedía que le dedicara tiempo, ella nunca se negaba. Era demasiado fácil decir que sí a una actividad futura a fin de evitar el apuro de decir que no en el momento presente. Y en cuanto programaba algo, se sentía obligada a cumplirlo. Christina tenía las seis próximas semanas completamente ocupadas.

Con poco tiempo para su familia o amigos, su vida personal se había resentido. No se cuidaba, había dejado de salir con hombres y se sentía fatal. Sin una manera de organizar a qué dedicaba su tiempo, había permitido que su agenda rigiera su vida.

El primer paso de Christina fue visualizar su vida profesional ideal: «Quiero espacio para decir que sí a lo que me surja. Quiero poder estar en un tren que va con retraso o ir detrás de un niño que anda despacio y no exasperarme por si llego tarde y se me desmonta el día que tengo tan controlado. Quiero estar menos enfadada».

A continuación, exportó todas las citas de su agenda a una hoja de cálculo de Excel, anotó cuánto tiempo dedicaba a cada actividad y después lo comparó con cómo le gustaría pasar el tiempo. También puntuó cada actividad en virtud de la alegría que esta le proporcionara. No podía creerse los resultados. Invertía casi la mitad de su tiempo en actividades que no le generaban alegría. Había estado sacando tiempo para las cosas equivocadas.

A fin de emplear el tiempo de manera que le permitiera alcanzar su vida profesional ideal, Christina dejó de decir que sí de forma automática y empezó a decir que no por sistema, con la única excepción de las actividades que más le importaban. «Me di cuenta de que gran parte de mi agenda de locos se debía a que iba añadiendo cosas que me hacían feliz para compensar todas las que me amargaban, en vez de abordar las que no me aportaban alegría», concluyó.

Christina canceló con educación todos los compromisos que no creía que le merecieran la pena. Eso incluía reuniones periódicas añadidas automáticamente a su agenda, a las que los organizadores solían llegar tarde y a menudo sin un orden del día. También pidió a los demás que fueran conscientes de su tiempo y, por ejemplo, sustituyeran una cita de media hora por una rápida llamada telefónica. Aunque a unas cuantas personas les molestó bastante que se echara atrás, la mayoría lo entendió. Puso como excusa el plazo de entrega de un proyecto ficticio y propuso posponer las citas. Solo un puñado de personas volvió a llamarla, lo que le demostró que no era la única que no valoraba que se vieran.

Por supuesto, Christina seguía teniendo responsabilidades en su trabajo. Debía responder correos electrónicos y desempeñar otras tareas para conservarlo, pero pudo eliminar muchas actividades innecesarias. Al contar con más tiempo entre manos, empezó a experimentar placeres sencillos: preparar la cena, realizar ejercicio con frecuencia, acudir a *brunches* mensuales y salir con amigos los fines de semana. ¡Pronto encontró al amor de su vida y se comprometió!

A medida que su vida personal volvía a activarse, le surgió una oportunidad que solo fue posible gracias a su nueva manera de gestionar el tiempo. Aceptó una invitación de última hora para asistir a una gala. Mientras disfrutaba de la comida, entabló conversación con un directivo de una empresa emergente que pronto le hizo una oferta de trabajo. Este encuentro casual le brindó la oportunidad que estaba buscando: un reajuste en su carrera profesional y un ambiente de trabajo que valoraba sus aportaciones y su tiempo.

Todos los trabajos tienen sus frustraciones; el nuevo empleo de Christina no fue una excepción. Pero ya no era esclava de la mentalidad de «Decir a todo que sí» que siempre la había tenido hasta el cuello de trabajo en un puesto que le proporcionaba poca alegría. Como ella misma reconoció: «No todos los aspectos de mi actual trabajo me dan alegría. No obstante, ahora soy capaz de tener una idea clara de si me apetece o no trabajar en un nuevo proyecto. Si mi trabajo no me aporta alegría en su conjunto, es señal de que necesito hacer un cambio».

La clave para aumentar la alegría en el trabajo reside en dedicar más tiempo a las actividades que generan alegría y menos a las que no. Parece sencillo hasta que nuestro jefe nos asigna una tarea en la que se tarda dos veces más de lo que él cree, un compañero nos pide algo «para ya» o las necesidades de un cliente nos desmontan el día por completo. ¿Qué podemos hacer, siendo realistas, para recuperar nuestro tiempo?

El desorden de actividades altera nuestra jornada laboral

Podemos acortar nuestra jornada laboral y generar más alegría en nuestro trabajo si aprendemos a controlar el desorden de actividades. Este fenómeno ocurre cuando hacemos cosas que nos ocupan un tiempo precioso y nos chupan la energía pero no tienen un impacto significativo en nuestro objetivo personal o profesional o ni tan siquiera en el objetivo de la empresa. Entre ellas están las reuniones que no aportan información nueva ni propician mejores decisiones, los proyectos con pocas posibilidades de llevarse a término y las presentaciones muy bien ejecutadas pero que carecen de sustancia. Como media, dedicamos menos de la mitad de la jornada laboral a las responsabilidades principales de nuestro trabajo y el resto queda ocupado por interrupciones, tareas no imprescindibles, tareas administrativas, correos electrónicos y reuniones. ¿Cómo hemos acabado así?

Por suerte, la psicología nos brinda algunas respuestas. Hay tres trampas que pueden propiciar el desorden de actividades: ganar en exceso trabajando demasiado por las razones equivocadas, anteponer las tareas urgentes a las importantes y hacer varias cosas a la vez.

La trampa de ganar en exceso

Soy el primero en decirte que trabajar duro compensa. Cuando era pequeño, me di cuenta de cómo los padres presumían ante los demás de lo inteligentes que eran sus hijos o del talento que tenían. Los míos jamás lo hacían. En cambio, mi madre decía a todo el mundo que yo era muy trabajador. Es muy grato lograr un objetivo después de habernos esforzado. Pero ¿y si gran parte de tus esfuerzos se desperdician porque estás trabajando para lograr objetivos que no valoras?

En el trabajo, las personas a menudo experimentan este desperdicio de esfuerzos mediante lo que los psicólogos denominan «ganar en exceso». Imagínate que participas en un estudio de investigación. Te invitan a entrar en una sala para escuchar música agradable. Es muy relajante. Pero tienes la oportunidad de renunciar a parte de tu tiempo libre para ganar un trozo de chocolate. Pulsando un botón que para la música y la sustituye por el irritante ruido de una sierra que corta madera, tu relajación se acabaría pero ganarías un trozo de chocolate. Tendrías que comértelo justo después del experimento, así que no puedes compartirlo ni guardarlo para el día siguiente.

Me encanta el chocolate y sin duda me esforzaría un poco para ganar unos cuantos trozos. La mayoría de participantes en el estudio también lo hizo. Pero es ahí donde las cosas se torcieron. En cuanto empezaron a ganar chocolate, les costó parar. Al final del experimento, se habían esforzado por ganar mucho más chocolate del que podían comerse físicamente, y aún menos querían.

Lo que este estudio nos indica es que es demasiado fácil invertir mucha energía en algo que en realidad no nos importa. Los participantes perdieron de vista el hecho de que su objetivo era ganar suficiente chocolate para satisfacerse e intentaron, en cambio, maximizar la cantidad que podían ganar. En vez de emplear su tiempo de una manera que les reportara el premio que querían, siguieron trabajando hasta que se agotaron. Y cuanto más ganaban en exceso, menos satisfactorio se volvía su chocolate. ¡Ni tan siquiera podían disfrutar de los frutos (o más concretamente el chocolate) de su trabajo!

Ganar premios y ser competitivos forma parte de nuestra naturaleza, pero puede apartarnos fácilmente de nuestro propósito. Cuando decidas cómo ocupar tu tiempo, recuerda: no cambies una actividad a la que te encantaría dedicarte por un premio que no valoras. Ser conscientes de lo que queremos y de quiénes somos puede protegernos de caer en esta trampa de perseguir objetivos equivocados que más adelante lamentaremos.

La trampa de la urgencia

En vez de sacar tiempo para volcarnos de lleno en nuestro trabajo y experimentar la alegría que puede proporcionarnos desempeñar una tarea importante, saltamos de una tarea aparentemente urgente a otra. Eso nos deja muy poco tiempo para pensar o desarrollarnos profesionalmente. Las investigaciones revelan que la mitad de las actividades de un directivo duran menos de nueve minutos, con lo que no le queda mucho tiempo para reflexionar. En las fábricas, los capataces desempeñan una media de 583 actividades distintas en un turno de ocho horas. De media, los empleados de nivel intermedio solo disfrutan de un rato de treinta minutos o más sin interrupciones aproximadamente una vez cada dos días.

Si eres como la mayoría, lo normal es que trabajes con el piloto automático puesto, aceptando y desempeñado tareas en función de lo que parece más urgente, en lugar de lo que, de hecho, es más importante. Así pues, no es de extrañar que más del 50 por ciento de las personas se sientan abrumadas, al menos parte del tiempo, lo que provoca errores en el trabajo, enfados con los empleados y resentimiento con los compañeros.

Guiados por la idea preconcebida de que las actividades más urgentes son también las más importantes, a menudo damos prioridad a las que no la tienen. No confundas las tareas urgentes con las importantes. No son lo mismo.

Las tareas urgentes son las que deben hacerse en un determinado momento. De lo contrario, ya no hay manera de hacerlas: cenar con una clienta el único día que está en la ciudad, ayudar a un compañero a terminar un proyecto a tiempo o asistir al seminario anual de tu empresa.

Las tareas importantes son distintas. Llevarlas a cabo tiene resultados muy positivos y no realizarlas acarrea consecuencias muy negativas. Entre ellas están el desarrollo personal, por ejemplo, mediante la lectura y el estudio; mejorar un producto; y cultivar una buena relación con los compañeros.

Algunas tareas son importantes y urgentes a la vez, y casi todos les damos prioridad, bien sea declarar impuestos, responder a una oferta de trabajo o limar asperezas con un cliente disgustado. Como es lógico y acertado, no solemos dar prioridad a las tareas que no son ni urgentes ni importantes, ya se trate de mirar distraídamente las redes sociales o comprar por internet durante la jornada laboral (¡al menos la mayor parte del tiempo!).

¿Qué ocurre con las tareas que son urgentes pero no importantes, como asistir a una reunión de empresa semanal o cogerle el teléfono a un compañero, o que son importantes pero no urgentes, como planificar tu carrera profesional a largo plazo? Piensa en ello un momento: ¿en qué es probable que trabajes hoy? Seguramente, en las tareas urgentes.

Hay una razón por la que normalmente anteponemos las tareas urgentes a las importantes. Las importantes tienden a ser más difíciles de completar que las urgentes, lo que nos hace más reacios a ponernos con ellas. Las tareas urgentes tienen una recompensa más inmediata y, por tanto, es más tentador empezarlas y más agradable acabarlas. Si estás intentando sentirte bien, al menos a corto plazo, tachar una tarea urgente de la lista tiene lógica. Sin embargo, a largo plazo, no estás haciendo la clase de trabajo que realmente importa para tu carrera profesional y la empresa.

También caemos en la trampa de centrarnos en las tareas urgentes a causa de fechas tope ficticias. Hay mucha «falsa urgencia» en el trabajo. Cuando un compañero de trabajo o cliente te pide que le llames en una semana, ¿te has preguntado alguna vez de dónde sale el plazo de una semana? Demasiado a menudo, es completamente arbitrario. Compruébalo para asegurarte de que una fecha tope es realmente la fecha tope.

Y resulta que, cuando creemos que estamos ocupados con otras cosas incluso si no lo estamos, aún somos más propensos a caer en la trampa de la falsa urgencia. Con tanto que hacer y ahora otro acuciante plazo que cumplir, ¿quién tiene tiempo de decidir qué tarea «importante» debería terminar primero?

La trampa de hacer varias cosas a la vez

Estoy seguro de que, al igual que yo, has conocido personas que presumen de su capacidad para hacer varias cosas a la vez. No dudan en hablar de sus facultades sobrehumanas que les permiten hacerlo todo… a la vez. Yo solía tenerles mucha envidia. Pensaba en cuánto tiempo me ahorraría si fuera capaz de hacer dos tareas de forma simultánea. Lo que no veía era que, si bien estas personas hacían muchas cosas al mismo tiempo, por lo general no hacían ninguna especialmente bien.

Cuando me hice psicólogo organizacional, me enteré de un secretito: pese a lo que nos han hecho pensar, las personas que hacen varias cosas a la vez tienden a situarse entre las menos productivas en el trabajo.

Las investigaciones revelan dos datos sorprendentes sobre desempeñar varias tareas al tiempo: en primer lugar, reduce la productividad en hasta un 40 por ciento. En segundo lugar, estas personas son, por lo general, las menos capaces de hacer bien las cosas.

El cerebro humano solo puede pensar en un número limitado de cosas a la vez. Si asumimos demasiadas, acabaremos haciendo unas cuantas cosas mal en vez de hacer una sola especialmente bien.

Pese a lo que cree la mayoría, esta clase de personas no desempeñan varias actividades de forma simultánea. Por lo general, pasan rápidamente de una a otra sin terminar ninguna de manera eficaz. Y como no prestan atención ni se les da muy bien alternar tareas, cometen muchos errores.

Con el tiempo, las personas que hacen varias cosas a la vez acaban dando prioridad a actividades que no la tienen. Al igual que quienes caen en la trampa de la urgencia, reaccionan en exceso a lo que tienen delante en cada momento y posponen lo que es necesario para lograr objetivos menos inmediatos y por lo general más importantes. Cuanto más aumenta la dificultad del trabajo, más lo hacen los inconvenientes de esta manera de trabajar.

Si hacer varias cosas a la vez disminuye nuestra productividad, ¿por qué persiste la gente? A menudo, estas personas no lo hacen porque se les dé especialmente bien, sino porque les cuesta no distraerse y concentrarse en una única tarea. Así que lo compensan intentando hacer varias a la vez. No cometas el error de creer que son más productivas en el trabajo y que todos deberíamos imitarlas. Ni hablar. Hacer muchas cosas mal no es la vía para ser productivos.

Amontona tus tareas para averiguar cuál es tu trabajo propiamente dicho

¿Cómo aprovechas mejor el tiempo cuando tu apretada agenda tira de ti en demasiadas direcciones a la vez? La clave para eludir las trampas de ganar en exceso, de la urgencia y de hacer varias cosas a la vez reside en ser consciente de cómo estás empleando tu tiempo y, después, pasar a realizar actividades que te proporcionan alegría. Hay una manera sencilla de hacernos responsables de cómo empleamos nuestro tiempo. En vez de preguntarte qué actividades deberías eliminar, pregúntate: «¿Con cuáles debería quedarme?».

Empieza poniendo todo lo que haces en montones. Al igual que con los objetos físicos de tu espacio de trabajo que Marie te ha ayudado a ordenar, necesitas «tocar» cada una de tus tareas para percibir su peso y comprender su importancia. Escribe cada tarea que desempeñas habitualmente en una ficha (o en una hoja de cálculo si tienes mentalidad digital). Las investigaciones demuestran que leer en papel nos hace evaluar con más cuidado lo que estamos considerando. Un montón físico de tareas también cumple el mismo propósito que apilar las cosas en una habitación para ver cuántas has acumulado. Ver tu propia montaña de tareas te ayudará a reflexionar sobre lo que haces y por qué lo haces.

Si eres como la mayoría, probablemente tendrás tres clases de montones de tareas: tareas principales, tareas relacionadas con proyectos y tareas necesarias para el desarrollo profesional.

1. **Tareas principales:** son las actividades fundamentales y habituales de tu ocupación, las cosas clave que haces que justifican tu existencia en el trabajo. Para un director de empresa, las tareas principales pueden incluir presupuestar, planificar o dirigir un centro o equipo. Para un científico, estas tareas pueden comportar diseñar experimentos, analizar datos y compartir resultados. En el caso de un profesor, pueden ser preparar las clases y corregir exámenes.

2. **Tareas relacionadas con proyectos:** son tareas que tienen un principio y un final; por ejemplo, planificar un acto, diseñar un folleto o lanzar un producto nuevo.

3. **Tareas necesarias para el desarrollo profesional:** son tareas que nos ayudan a desarrollarnos o aprender; por ejemplo, formarnos, leer, asistir a congresos o asumir una tarea nueva. Deberían acercarte más a tu ideal de vida profesional.

No te preocupes si algunas tareas entran en más de una categoría. Ponlas en el montón más apropiado.

¿Qué has descubierto sobre cómo empleas el tiempo, y cómo se relaciona con tu vida profesional ideal? Si aspiras a avanzar en tu vida profesional ideal, ¿cuál es el tamaño relativo de tu montón de tareas necesarias para el desarrollo profesional comparado con los otros dos?

¿Estás poniéndote suficientes retos? ¿Aprendiendo lo suficiente? ¿Recibiendo suficientes valoraciones de los demás? Si quieres relacionarte con los demás, ¿cuántas tareas implican trabajar con otras personas? ¿Son esas las personas con las que quieres pasar el tiempo?

Evalúa tus tareas para generar más alegría en tu trabajo

Tu montón de tareas es como un espejo: refleja lo que estás haciendo en la actualidad. ¿Cómo te sientes cuando te miras en el espejo? Por lo que he observado, la mayoría de las personas ven oportunidades para acercarse más a su vida profesional ideal, pero no se sienten con la suficiente seguridad para hacer cambios. No subestimes el control que tienes en este terreno, ni el poder de los pequeños cambios para ayudarte a disfrutar de tu trabajo todos los días.

Cuando tengas tus tareas en montones, revisa cada uno de ellos, empezando por el más fácil de ordenar (en general, tus tareas principales), pasando a las tareas relacionadas con proyectos y concluyendo con las tareas necesarias para el desarrollo profesional. Con cada tarea, pregúntate:

1. «¿Es esta tarea necesaria para mantenerme en mi puesto de trabajo y para destacar en él?».
2. «¿Me ayudará esta tarea a tener más alegría en el futuro, por ejemplo, facilitándome conseguir un aumento o un ascenso, o a aprender una nueva competencia?».
3. «¿Me da alegría esta tarea y me ayuda a tener más satisfacción en el trabajo?».

Deja de hacer todas las tareas que no cumplan una de estas tres condiciones.

Ahora bien, ¿qué ocurre si tienes demasiadas tareas que son necesarias pero no te proporcionan alegría? ¿O si tu jefe no te permite dejar ninguna, ni tan siquiera las que no tienes ninguna razón para conservar? A veces, no somos capaces de reconocer cómo otras personas se benefician de nuestro trabajo. Es una lástima, porque, si lo hiciéramos, le encontraríamos mucho más significado.

Yo sigo una regla muy sencilla: haz la prueba de los beneficiarios. Sé sincero: ¿se lee alguien el informe que mandas todas las semanas, e influye en las decisiones que se toman? Puedes sondear a tus beneficiarios para evaluar la utilidad de tu trabajo. A lo mejor descubres que lo valoran y encuentras un nuevo significado a realizar la tarea.

Si sigues convencido de que no te merece la pena conservar dicha tarea, ve a hablar con tu jefe. Exponle los resultados de tu prueba de los beneficiarios. Él quizá sepa ver la importancia de tu trabajo, aunque tú no seas capaz. Es otra manera de saber si tu trabajo tiene un impacto que desconoces, lo que podría hacerte cambiar de opinión sobre si te merece la pena conservar la tarea. Después de hacer la prueba de los beneficiarios, ten con tu jefe una conversación franca sobre el valor de las tareas que querrías desechar y recuérdale con educación los pros y contras que comporta su desempeño. Si, pese a todo, no logras convencerle, puede que simplemente sea poco razonable. Pero, a menos que estés dispuesto a cambiar de trabajo, vas a tener que aceptarlo. Por mucho que a todos nos gustaría a veces, ¡no podemos echar al jefe!

Cuando hayas terminado, dispón las tareas que te quedan de manera que puedas verlas todas a la vez. ¿Qué dicen sobre la clase de trabajo que tienes? Tu puesto puede tener un nombre o perfil que lo describe de una determinada manera, pero el trabajo que haces dice otra cosa muy distinta. En conjunto, las tareas que has conservado, ¿te dan alegría o te la darán en el futuro? Si, después de ordenar, aún te parece que tus tareas no te acercan más a tu vida profesional ideal, he aquí algunos consejos más para mejorar tu trabajo.

Si estás satisfecho con tu montón de tareas, revísalas periódicamente para asegurarte de que sigues avanzando hacia tu vida profesional ideal. Con cada nueva tarea que se te presente, decide si te merece la pena hacerla antes de aceptarla.

Antepón las actividades que te dan alegría

En este momento, mi trabajo me proporciona alegría, pero en otra época tuve la agenda tan apretada que estaba agotada física y mentalmente. Fue en 2015, justo después de que me nombraran una de las 100 personas más influyentes de la revista *Time*, y me llovieron ofertas de todo el mundo.

Acepté todas las que pude, ya que me parecían una gran oportunidad para divulgar el método KonMari, pero resultó que también estaba embarazada de mi primera hija y la presión me pasó factura tanto física como mentalmente. A veces, no podía dominar mis emociones y me echaba a llorar al final del día.

Por fin, me di cuenta de que no podía seguir así. Fue entonces cuando empecé a cambiar mi manera de trabajar.

El objetivo de mi trabajo es divulgar el método Kon-Mari por todo el mundo y enseñar al mayor número de personas posible a elegir la alegría en su vida a través del orden. Pero me es imposible enseñar a los demás a generar alegría en su vida si yo no la experimento en la mía.

Desde que tuve esa revelación, me propuse dar prioridad a los momentos de alegría en mi vida, sobre todo cuando estoy muy ocupada. Reservo tiempo a propósito para cosas con las que disfruto o que quiero hacer, como:

* Estar con la familia.
* Alegrar la casa con flores.
* Disfrutar de una relajante taza de té.
* Hacerme un masaje cuando estoy cansada.

Estas cosas me ayudan a recuperar mi equilibrio interior para poder retomar el trabajo renovada y cargada de energía positiva. En nuestro ajetreado mundo contemporáneo, muchos damos prioridad a nuestro trabajo a costa de nuestra vida, tal como yo hacía antes. Si ese es tu caso, te recomiendo que hagas de tu bienestar físico y emocional tu primera prioridad.

Estar hasta arriba de compromisos y trabajo acaba desgastándonos. No vamos a tener ideas brillantes ni lograr buenos resultados si estamos extenuados. Aunque nos encante nuestro trabajo, empezaremos a odiarlo y nos costará seguir adelante.

El primer paso es sacar tiempo para renovarte y rejuvenecerte. Después, organízate para poder trabajar de forma eficiente el resto del tiempo. A la larga, es más productivo abordar nuestro trabajo con alegría y paz mental.

M. K.

No te precipites en decir que sí

¿Alguna vez tienes la sensación de que tu trabajo sería maravilloso si la gente te diera el espacio que necesitas para poder hacerlo? Yo me sentía así a menudo. A medida que progresé en mi profesión, de profesor adjunto recién salido de la facultad a catedrático (el rango más alto en una universidad), fueron pidiéndome cada vez más que participara en actividades que no eran clave para mis responsabilidades principales de investigar y enseñar, como ser miembro de comisiones o asistir a actos. Intentando ser buen compañero, casi siempre decía que sí. Me parecía que era lo correcto, y las actividades en sí no me quitaban mucho tiempo. Pero se iban sumando, y me estaban impidiendo avanzar en los proyectos que más me importaban.

Por supuesto, a menudo hay buenas razones para decir que sí. Algunas de estas actividades dan alegría, sea porque te sientes útil o por la labor en sí. Algunas pueden ofrecerte la posibilidad de aprender, avanzar en tu carrera profesional o tener vida social con tus compañeros. Pero otras, quizá demasiadas, no satisfarán ninguno de tus deseos.

Hace poco, encontré una investigación que me ha ayudado a resistir la tentación de decir siempre que sí. Dejamos que nos convenzan para que aceptemos demasiadas de estas tareas porque nos sentimos culpables diciendo que no. Deshazte de la culpa. Ya estás trabajando muchísimo (¡mira lo grande que era tu montón de tareas!). Después, prueba un sencillo truco: haz una pausa.

Ante las presiones sociales para decir que sí —después de todo, nos gusta que nos consideren buenos compañeros de equipo—, una técnica eficaz es posponer la decisión cuando nos hacen esta clase de peticiones. Contesta simplemente: «Me lo pienso y te digo algo». Después, date un tiempo para decidir si la tarea te generará alegría. Si no es así, di que no con educación. Las investigaciones demuestran que, cuando posponemos adquirir un compromiso, nos sentimos con más derecho a declinar las tareas que no nos gustan y aceptar las que sí.

Date una alegría al día

Ahora que has dejado de realizar algunas actividades, te has dado espacio para escoger tareas nuevas que te proporcionarán alegría. Las investigaciones demuestran que las personas obtienen más satisfacción en su trabajo asumiendo nuevas responsabilidades, ofreciéndose a ayudar a un compañero o incluso trabajando en un proyecto aparte sin pedir permiso a la empresa. Hay jefes que valorarán la iniciativa. Algunas empresas incluso tienen reglamentos que permiten a los empleados dedicar parte de su jornada laboral semanal a una tarea de su elección que les aporte alegría. Por supuesto, si tienes un jefe controlador y muy poca libertad sobre cómo desempeñar tu trabajo, esto te resultará más difícil. No obstante, aumentarás tus posibilidades de éxito si encuentras la manera de que tu alegría diaria beneficie a la empresa.

Fuera del trabajo, permítete también darte una alegría al día. En mi caso, me gusta leer un periódico físico. Sé que cuando lo empiezo ya se ha quedado obsoleto.

LA FELICIDAD EN EL TRABAJO

Pero enterarme de la actualidad sin distracciones digitales me da mucha alegría.

Deja un espacio en blanco en tu agenda

Parece contradictorio, pero, para ser más productivo en el trabajo, a veces necesitas un tiempo de inactividad: una parte de tu agenda que esté completamente en blanco. Sí, me has oído bien: las investigaciones demuestran que, para hacer más, a veces necesitamos trabajar menos. Además de descansar la mente, hacer una pausa nos ayuda a ser más creativos dándonos tiempo para incubar ideas.

Mientras realizamos actividades aparentemente mecánicas, como andar o garabatear, en realidad estamos pensando muy profundamente, en un plano subconsciente. Esta forma de reflexionar tiende a ser la más creativa de todas porque no estamos juzgándonos a todas horas. Puede propiciar nuevas maneras de resolver problemas y favorecer la innovación. Sigues trabajando, y a menudo de una manera más inteligente, cuando tu agenda no está abarrotada de tareas. Así pues, ¡tómate un descanso, siéntete mejor y desata tu imaginación!

En mi tiempo de inactividad, paseo todos los días, normalmente con el teléfono en modo avión. Absorto en mi mundo, lejos de correos electrónicos, llamadas telefónicas u otras distracciones, puedo dejar vagar la mente. También es cuando me siento más libre de mi autocrítica y me permito explorar ideas en las que, de otro modo, quizá me daría miedo profundizar.

Sé que no todo el mundo tiene libertad para pasear durante su jornada laboral o ni siquiera fuera de ella. Encuentra algo que puedas hacer. Casi todo el mundo puede cerrar los ojos sin levantarse de la mesa y dejar vagar la mente durante uno o dos minutos. Es una oportunidad para relajarte mentalmente, pero también es una manera de demostrar que, por muy exigente y excesivo que a veces pueda parecerte tu horario (y tu trabajo), puedes ser dueño de tu tiempo, al menos durante un momento.

Ordenar tus actividades te permitirá conocerte mejor y tener una idea más clara de tus verdaderas prioridades. Sin embargo, hace mucho más que proporcionarte un reflejo de cómo pasas los días. Te brinda una manera de mejorarlos. Desechando tareas que no te dan alegría y añadiendo otras que sí te la dan, harás tu trabajo mucho más gratificante.

6

Ordenar las decisiones

Lisa, madre soltera, conciliaba su trabajo de profesora de dibujo a jornada completa en un instituto con su actividad como artista independiente y profesora de dibujo por internet. Aunque todos sus trabajos le encantaban, la cantidad de decisiones que tomaba habitualmente la había desgastado. Aparte de las más importantes, relacionadas con sus clases —temario, trabajos y comportamiento en el aula—, cientos, si no miles, de decisiones diarias reclamaban su atención. Prepararse las clases diarias encerraba incontables posibilidades: «¿Harán los alumnos un trabajo práctico, verán un vídeo para aprender nuevas técnicas o adquirirán conocimientos gráficos con la ayuda de un ordenador?». Durante la clase, no paraba de tomar decisiones relacionadas con orientar a los alumnos, evaluarlos e incluso castigarlos. Y sus otros trabajos comportaban otra montaña de decisiones: qué crear, cómo diseñarlo, cómo atender mejor los deseos de sus clientes y cómo tener seguidores en las redes sociales. «Me paso la vida tomando decisiones sobre lo que voy a hacer a continuación», pensaba.

Lisa se notaba malhumorada y agotada; no solo en el trabajo, sino también en casa, donde cuidaba a su hijo de nueve años. «El cansancio de tomar tantas decisiones me afecta tanto al cerebro que no me acuerdo de las cosas… Me cuesta pensar con coherencia e incluso se me olvidan palabras».

Supo que las cosas habían ido de mal en peor cuando, un lunes por la mañana, se presentó en el instituto sin haberse preparado la clase porque había aplazado la decisión de qué enseñar hasta que fue demasiado tarde. «¡Ahora sí que la has fastidiado, Lisa! ¡Estás siendo mala profesora!», se regañó. También descuidó su incipiente negocio de enseñanza por internet, ya que estaba mentalmente agotada por las numerosas decisiones que le exigían sus diversos trabajos.

Lo más probable es que, tengas el trabajo que tengas, seas un directivo o un profesional de nivel básico, tomes miles de decisiones todos los días. ¡Algunos investigadores calculan que son más de treinta y cinco mil!

Muchas de ellas son decisiones de bajo riesgo que se toman con poco esfuerzo o conciencia. Estaríamos completamente desbordados si tuviéramos que pensar en ellas de forma consciente: el camino más corto para llegar a nuestra mesa, qué bolígrafo emplear, qué poner en una respuesta de correo electrónico rápida. Por eso, pese a los miles de decisiones que tomamos todos los días, un estudio reciente revela que, de media, las personas solo recuerdan tomar unas setenta.

Otras decisiones conllevan mucho riesgo y exigen toda nuestra atención. No nos enfrentamos a esta clase de decisiones a menudo, pero, cuando lo hacemos, consumen, con razón, una cantidad considerable de nuestra energía mental y emocional. En general, comportan la movilización de una cantidad relativamente grande de recursos. Si trabajas en el sector del marketing, esto puede conllevar decidir qué serie de productos y servicios ofrecer, cuándo y cómo cambiar el nombre de un producto y cómo posicionar tus productos en el mercado; para un empresario, las decisiones de alto riesgo pueden incluir cuándo expandirse y contratar empleados, si reunir capital o vender la empresa; y para un profesional de la informática, estas decisiones implican comprar equipamiento importante.

Además, hay decisiones de riesgo medio que requieren mucha más reflexión que las de bajo riesgo y ocurren con mucha más frecuencia que las de alto riesgo. Son las decisiones olvidadas o desatendidas de nuestra vida profesional. Las decisiones de riesgo medio no son tan fáciles de tomar como las de bajo riesgo, así que tendemos a posponerlas. Tampoco son tan importantes como las decisiones de alto riesgo, así que es mucho más fácil que nos olvidemos de ellas. Por eso acabó Lisa delante de sus alumnos sin haberse preparado la clase; se trataba de una decisión de riesgo medio demasiado difícil de tomar el día anterior y demasiado fácil de olvidar hasta que entró en clase.

Por lo general, las decisiones de riesgo medio se centran en desempeñar o mejorar tus tareas profesionales en curso; por ejemplo, a quién tener informado de un proyecto, cómo mejorar un proceso de trabajo y cómo medir el éxito. Si eres un profesional del marketing, las decisiones de riesgo medio pueden incluir qué clase de estudio de mercado realizar, cuándo revisar el precio de un producto y qué nuevas formas de publicidad considerar y cómo medir su eficacia. Si eres empresario, esta clase de decisiones puede comportar cómo mejorar un producto o servicio y a qué congresos asistir. Y si eres un profesional de la informática, entre tus decisiones de riesgo medio puede estar cuándo actualizar el software.

Sé que, a primera vista, ordenar las decisiones parece muy distinto de ordenar tu espacio de trabajo físico. Si conservar o no tu grapadora preferida parece algo muy diferente a tomar decisiones sobre cómo interactuar con un cliente o cuándo colaborar con un compañero. Pero, de hecho, se trata del mismo proceso. Empieza preguntando: «¿Qué me merece la pena conservar?». O, más concretamente para esta categoría: «¿Qué decisiones merecen mi tiempo y energía?».

Cuando ordenes tus numerosas decisiones profesionales, sigue estos sencillos pasos: olvídate de las decisiones poco importantes, ordena y organiza las decisiones de riesgo medio y reserva tu energía mental para las de alto riesgo.

La mayoría de decisiones de bajo riesgo no merecen tu tiempo y energía

Empieza por las decisiones de bajo riesgo. Ten presente que lo que hace que algo sea de bajo riesgo depende de tu trabajo y de tu nivel en la organización. Si estás empezando tu carrera profesional, lo que podría ser una decisión de bajo riesgo para un directivo puede tener mucha más importancia para ti. Es probable que no recuerdes muchas de tus decisiones de bajo riesgo, porque ocurren de manera automática y no ocupan tu capacidad mental. Eso es estupendo. Déjalas que sigan en piloto automático.

De las que eres consciente, pocas merecen probablemente que les dediques mucho tiempo.

- ¿Eliges la marca de papel para fotocopiadora?
- ¿No sabes si utilizar una gráfica de líneas o una de barras en una presentación?
- ¿Dudas entre qué tipo de letra emplear para tu informe?

Si no crees que lo que decidas vaya a tener consecuencias importantes, no inviertas mucho tiempo en tomar la decisión. Sé que es difícil de hacer en el momento, y yo también he caído en el error de dar demasiadas vueltas a las cosas: en qué hotel alojarme durante un viaje de trabajo, qué tipo de letra utilizar en las fotocopias que reparto en clase y qué guarniciones servir a los asistentes a un congreso que he organizado.

Asimismo, es posible automatizar muchas decisiones de bajo riesgo. Algunas de mis preferidas incluyen las siguientes:

- Utilizar los servicios de minoristas por internet para pedir de forma automática el material que necesitas periódicamente.

- Establecer reglas para las decisiones que tienes que tomar, como no programar nunca reuniones los viernes por la mañana.
- Crear una firma para el correo electrónico que añada automáticamente «Saludos cordiales» o «Gracias», seguido de tu nombre.

Puedes adaptar la automatización de tus decisiones a tus necesidades e intereses. El exdirector de Apple, Steve Jobs, automatizó su vestuario: llevaba el mismo tipo de jersey con cuello alto todos los días. El gurú de la productividad y autor Tim Ferriss desayuna lo mismo todas las mañanas. Al no invertir energía en las decisiones irrelevantes, tendrás tiempo y energía para centrarte en las más importantes.

Crea un montón con las decisiones de riesgo medio y alto

Junta todas las decisiones de riesgo medio y alto que tienes que tomar en la actualidad o con las que tendrás que lidiar pronto. Por lo general, las decisiones de alto riesgo despuntan y, para la mayoría, solo serán un puñado. Steve Jobs decidió cambiar todo el consejo de administración cuando regresó a Apple y más adelante optó por lanzar un teléfono sin teclado físico, el iPhone. Para un directivo de grado medio, el montón de decisiones de alto riesgo podría incluir cómo llevar a cabo un cambio que afecta a toda la empresa y a quién contratar para el equipo. Y para los nuevos profesionales, escoger un mentor que les dé confianza es probablemente una decisión de alto riesgo.

Las decisiones de riesgo medio son las que quedan entre unas y otras. Si eres como la mayoría, puedes identificar tus decisiones de riesgo medio reflexionando sobre cuáles mejorarán tu trabajo de manera considerable; por ejemplo, decisiones relativas a mejorar procesos, productos o servicios, pedir asesoramiento sobre problemas y comunicar progresos a los demás.

Resume brevemente cada decisión de medio y alto riesgo en una ficha (al igual que en la organización de tu tiempo, también puedes utilizar una hoja de cálculo). La mayoría de las personas tendrá una cantidad de decisiones razonable, no más de veinte.

Revisa tu montón de decisiones

Después de poner todas tus decisiones en un montón, escribe una «A» al lado de cada decisión de alto riesgo.

Estas son decisiones que tendrán un gran impacto en tu trabajo o vida y merecen que les dediques tiempo y energía. Consérvalas todas y apártalas.

Ahora te quedan las decisiones de riesgo medio, y es hora de decidir cuáles te merece la pena conservar. Coge cada ficha y cíñete a una sencilla regla: **si tomar la decisión es crucial para el trabajo que haces, si te va a ayudar a acercarte más a tu ideal de vida profesional o si te proporciona alegría, consérvala.**

A continuación, decide qué hacer con las decisiones que has conservado. Coge la ficha de cada decisión y pregúntate:

«¿Hay otra persona que se verá más afectada por la decisión y que debería tomarla?».

«¿Quién tiene más criterio e información para tomar la decisión?».

«¿Puedo confiar en que otra persona tome la decisión?».

«¿Con qué frecuencia tiene que tomarse la decisión?».

«¿Puede automatizarse y revisarse solo periódicamente?».

Si te parece que otra persona debería tomar la decisión, delégala, si es posible (marca la ficha con una «D» y escribe el nombre de la persona a la que querrías asignársela). A veces es difícil, pero no imposible, delegar en alguien de tu mismo nivel o superior. Pedírselo con educación y darle una explicación razonable de por qué es la persona más indicada para tomarla es de mucha ayuda. Y ofrecerte a responsabilizarte de una de sus decisiones a cambio hará mucho en tu favor. Solo asegúrate de que es una decisión que merece la pena tomar.

Si la decisión no requiere tu intervención ni la de ninguna otra persona, automatízala (marca la ficha con una «A» y pon una fecha para llevar a cabo la automatización).

Cuando te enfrentes a nuevas decisiones, tendrás la experiencia y confianza necesarias para ordenar también esas. Mantén tu atención en las decisiones de alto riesgo y en las decisiones de riesgo medio más valiosas. Sé selectivo con las cosas a las que dedicas tu tiempo y energía. Quizá te des cuenta de que una decisión que antes te parecía importante no habría de tomarse o debería recaer en otra persona. ¡Tomar decisiones con eficacia reside, en parte, en darnos cuenta de cuándo es momento de retirarnos!

Después de conocer las dificultades de Lisa, hallamos maneras de ayudarla a ordenar sus decisiones. Al igual que con un gran montón de ropa, poner todas sus decisiones de alto y medio riesgo en el mismo sitio le ayudó a comprender la magnitud de su problema. Se sentía constantemente desbordada porque tenía que tomar demasiadas decisiones.

A la semana siguiente, miró su montón de decisiones y se dio cuenta de que algunas las tomaba continuamente, en especial las que concernían a controlar el comportamiento de sus alumnos en clase y responder preguntas en la cuenta de Instagram de su actividad por cuenta propia.

Lisa pudo eliminar el 9 por ciento de las decisiones de su montón y automatizar o delegar el 40 por ciento. Por ejemplo, ahora empieza todos los días con la misma actividad. Los alumnos trabajan en el proyecto del día anterior, lo que le permite pasar lista sin interrupciones. También hace que los alumnos adopten un papel más activo en la evaluación de su propio trabajo, lo que ha reducido la cantidad de decisiones que necesita tomar.

Lisa también optó por publicar en su cuenta de Instagram todas las mañanas y responder a los comentarios dos veces al día.

Después de ordenar sus decisiones, las que le quedaron requerían en su mayor parte grandes dosis de creatividad: qué clase de arte crear, qué decisiones comerciales de mayor calibre necesitaba tomar y qué cursos iba a programar para sus clases por internet. Esas eran las decisiones que le daban alegría.

Cuando volví a reunirme con Lisa, los resultados de haberse organizado saltaban a la vista. «Ahora vuelve a parecerme que las cosas son posibles… No me puedo creer cuánta claridad me ha dado esto». Halló el tiempo, la motivación y la habilidad para tomar una decisión de mucho riesgo: optó por dejar la docencia y centrarse en sus actividades por cuenta propia. Pronto, los ingresos casi se triplicaron. Pero el mayor cambio fue su nueva pasión por su trabajo y su vida. «Este proceso es el principio de algo muy grande para mí —me escribió—. Aún estoy encontrándome a mí misma sintiendo tanta alegría… ¡Mi creatividad se ha disparado! Creo que no habría pasado si no hubiera ordenado mis decisiones… Soy mucho más productiva y feliz». Y trascendió a su trabajo. Su relación con su hijo mejoró de manera espectacular, perdió casi siete kilos un mes después de haber ordenado sus decisiones y recobró su optimismo.

Ordenar las opciones: no siempre es mejor tener más

Pasemos ahora a analizar cómo tomamos las decisiones. Es bastante razonable pensar que, cuantas más opciones tengamos, en mejor situación estaremos. Si estás buscando un buen proveedor o vendedor, cuantas más empresas tengas entre las que elegir, mejor. Si te estás planteando invertir en un plan de jubilación, cuantos más fondos de inversión tengas entre los que escoger, mejor. Si estás intentando conseguir el mejor trabajo, querrás tener el mayor número de opciones posible.

Es cierto que tener más opciones puede ser bueno, pero solo hasta cierto punto. En el caso de algunas decisiones, tener tantas posibilidades puede saturarnos tanto que tomamos peores decisiones y estamos menos satisfechos con lo que finalmente decidimos, sea lo que sea. ¿Y las opciones que hemos dejado pasar: el trabajo que no hemos escogido, el proyecto que hemos gestionado de una manera y no de otra, el mercado en el que podríamos haber entrado frente al mercado en el que lo hemos hecho o el mentor que no hemos elegido? Nuestra mente es increíblemente persuasiva para convencernos de que, tomemos el camino que tomemos, podríamos haber elegido mejor.

En la mayoría de las decisiones, es mucho esfuerzo barajar más de cinco posibilidades. Cuando alguien necesite que tomes una decisión, pídele que te dé cinco opciones como máximo. Si estás solo, pide consejo a tus compañeros para restringir tus alternativas a las mejores posibilidades y luego toma tu decisión. Eso te ayudará a lamentar menos no haber considerado una opción.

Las investigaciones apuntan algunos otros métodos sencillos de ordenar las opciones. En primer lugar, si son muy parecidas, ten presente que es probable que haya más de una buena opción, así que elige solo una. En segundo lugar, ordena tus opciones basándote en el sentido común; por ejemplo, de más cara a más barata o de mayor riesgo/recompensa a menor riesgo/recompensa. En tercer lugar, barajar muchas opciones es agotador si al mismo tiempo intentas saber qué es lo que quieres. Imagina que quieres cambiar de trabajo. Si sabes de antemano que querrías una oportunidad para desarrollarte profesionalmente, un trayecto corto al trabajo y mucha libertad, tener un mayor número de posibles trabajos entre los que escoger puede ser útil. Tendrías más posibilidades de encontrar el que más se ajusta a tus deseos (desarrollo profesional, trayecto corto y mucha libertad). No obstante, si no estás seguro de tus preferencias, tener más opciones puede desbordarte.

Aceptable es suficiente en la mayoría de las decisiones

Quiero que renuncies a la idea de que siempre hay que tomar una decisión perfecta. A veces lo harás, pero muchas otras no. Quizá te cueste creerlo, pero he aquí por qué no pasa

SCOTT SONENSHEIN

nada: en la mayoría de los casos, una decisión aceptable será suficiente. Aspirar a la perfección a menudo es innecesario y tiene un precio. Ocupa un tiempo que podemos invertir mejor en otras actividades y, a la vez, crea frustración y decepción cuando no hemos tomado la decisión perfecta.

Antes de tomar una decisión, pregúntate qué clase de resultado te dará alegría. No vale la pena intentar tomar una decisión perfecta cuando una aceptable te hará igual de feliz. Además, con lo mucho que cambia el mundo, cualquier decisión que tomes puede ser temporal. Si inviertes demasiado esfuerzo en buscar una solución perfecta, probablemente estarás demasiado comprometido con esa solución, aunque ya no sirva. Por eso aceptable a menudo es más que suficiente.

Para evitar las tendencias perfeccionistas, ponte un plazo para tomar tus decisiones. Lo que ganes dedicando demasiado tiempo a pensar y hablar del tema no merecerá el tiempo y esfuerzo que has invertido. Sé flexible en lo que respecta a modificar tu decisión si aparece información nueva. Y recuerda que, en la mayoría de las decisiones, las consecuencias no son tan graves como puedes creer.

Cuando ordenes tus decisiones, céntrate en lo que tenga mayores repercusiones. A continuación, decide qué merece que le dediques tu tiempo y energía y qué debes eliminar, delegar o automatizar. Así, liberas tus decisiones de la confusión de tener un número apabullante de opciones entre las que elegir y entras en contacto con lo que de verdad quieres lograr. De repente, las decisiones difíciles parecen más fáciles de tomar. En lo que respecta a las decisiones importantes que exigen tu tiempo y energía, estarás más motivado y satisfecho decidas lo que decidas.

7

Ordenar tu red de contactos

Instagram es una importante red social para los artistas y Lianne, pintora e ilustradora británica, tenía nada menos que quince mil seguidores. Por apasionante que pareciera, relacionarse con tantos seguidores le pasaba factura. Había tantos mensajes sin relevancia que le costaba responder a los verdaderamente importantes: los de compradores interesados. También tenía una buena cantidad de haters. La gente hacía comentarios groseros, a veces estúpidos y otras rayanos en el insulto. Cuando estos fueron en aumento, descubrió que el tiempo y el desgaste emocional que le exigía su red de contactos le estaban consumiendo la energía.

Lianne dedicaba tanto tiempo a las redes sociales que tenía olvidados su trabajo y su vida. «Soy madre y artista —me dijo con orgullo—. No puedo perder el tiempo tuiteando diez veces al día». No obstante, lo cierto era que Lianne estaba dedicando más tiempo a Instagram que a su arte.

Hasta que decidió dar un paso audaz.

Borró su cuenta de Instagram y se quedó sin seguidores. «En la sociedad de hoy, la gente quiere cada vez más seguidores, pero ese no es mi objetivo —razonó. Su extensa red de contactos estaba haciendo muy poco para ayudarle a vender sus obras—. Cuando intentas vender algo como es el arte, preferiría mil veces tener cincuenta fervientes seguidores que compran arte a tener más de quince mil seguidores vagamente interesados que me mandan mensajes groseros». Volver a empezar con cero seguidores le permitió ser más selectiva y relacionarse únicamente con personas que valoraban su trabajo.

Es fácil pensar que crear una red de contactos, sea en persona o por internet, consiste en hacer todos los contactos posibles: contactos telefónicos, amigos de Facebook, seguidores de Instagram, contactos de LinkedIn o seguidores de Twitter. Los parámetros fáciles de contabilizar nos hacen sentir bien cuanto más aumentan. Podemos comparar nuestras cifras con las de nuestros compañeros y amigos, creyendo erróneamente que tener más contactos nos hace más importantes. O populares. O competentes. Te diré algo: tener una red de contactos extensa solo significa una cosa: ¡que has acumulado muchos contactos!

Convierte tu red de contactos en motivo de alegría. Crea una que esté llena de personas con las que te gusta pasar el tiempo y a las que disfrutas ayudando, que se interesan por tu desarrollo y éxito profesionales, y con las que te sientes cómodo revelando tus tropiezos y pidiéndoles consejo.

¿Qué dimensiones necesita tener tu red de contactos?

Con una red de contactos extensa, aumentan las posibilidades de que alguien sepa algo que podría ayudarte, por ejemplo una oportunidad de trabajo que no ha salido publicada o la respuesta a una pregunta difícil. Esa es la lógica que nos impulsa a invertir tanto tiempo en ampliar nuestra red de contactos. Las personas con las que ya tienes una relación cercana, tanto en el trabajo como socialmente, ya están compartiendo sus conocimientos contigo. Sin embargo, la mayoría de los contactos de una red extensa son personas con las que rara vez interactúas, personas de las que podrías aprender mucho más. No obstante, hay una gran diferencia entre tener una red llena de contactos valiosos y tener una red llena de contactos valiosos verdaderamente dispuestos a ayudar.

Karen, inversora en empresas emergentes y exdirectiva de una empresa tecnológica, probó en primer lugar la estrategia típica para hacer contactos, relacionándose con tanta gente como podía. «Probablemente me pasé casi un año yendo a congresos y conociendo a montones de personas —me dijo—. Ahora que lo pienso, esas no fueron las experiencias ni los contactos más auténticos. Era una lotería». Fue agotador y, en el fondo, una pérdida de tiempo.

Después de reflexionar sobre las jornadas de *networking* que siempre parecían defraudarla, prometió cambiar. Dejó de intentar crear una red de contactos tan extensa y, en cambio, forjó lazos más profundos con un menor número de personas. Ese enfoque enseguida se puso a prueba cuando estaba valorando una posible inversión en una empresa y necesitaba un estudio técnico de inmediato. Pese a ser de tamaño modesto, su red de contactos incluía a una mujer que Karen creía que podía ayudarle. Se puso en contacto con ella y en cuestión de horas tuvo una respuesta detallada. «Habría tardado semanas en realizar el estudio», explicó. Como ya había forjado una relación sólida con su contacto, obtuvo la ayuda que necesitaba casi de inmediato. Unos días después, mandó al contacto que había cumplido con ella una nota de agradecimiento escrita a mano.

Karen ha obtenido otros beneficios con su enfoque de reducir sus contactos. «Estoy mucho menos preocupada por ir a jornadas de *networking...* Me ha liberado mucho espacio cognitivo», dice.

Las redes de contactos extensas también hacen difícil forjar relaciones valiosas. Los estudios concluyen que las personas pueden llevar bastante bien unas 150 relaciones valiosas. Más allá de eso, es difícil conocer verdaderamente a los contactos de tu red. Prueba un sencillo ejercicio. Cuando piensas en todos tus contactos y amigos, ¿puedes imaginar las caras de todos ellos? ¿Te transmiten todos alegría? Probablemente no.

Incluso las personas con una red de contactos extensa tienen la mayor parte de sus interacciones con un pequeño subgrupo de esta. Muchos de los «amigos» de nuestra red de contactos no están interesados en tener una relación sincera con nosotros y, en cambio, solo acuden a nosotros cuando necesitan un favor. Christina, que ha aprendido a ordenar su tiempo en el capítulo 5, lo descubrió por las malas. Con un máster en Administración de Empresas de Harvard, creía que cosecharía muchos beneficios teniendo una extensa red de contactos prestigiosos. Con el tiempo, se dio cuenta de que su red generaba pocas relaciones valiosas pero muchas peticiones. «Llegué a tal extremo que, en un plazo de dos semanas, diez personas distintas me mandaron correos electrónicos pidiéndome que me exprimiera los sesos —explicó—. No eran amigos ni personas que hubieran invertido nada en tener una relación conmigo». Su buena disposición para responder a estas peticiones afectó a su profesión y a su vida, y la desgastó.

Ampliar tu red de contactos no solo ocupa mucho tiempo, sino que, cuando se hace a través de las redes sociales, puede ser perjudicial para el bienestar psicológico. Las investigaciones han demostrado que, cuanto más tiempo pasamos conectados a las redes sociales, menos felices somos. Esto se debe a que las personas suelen compartir solo buenas noticias en este medio, mientras que muy pocas lo usan para compartir las malas. ¿Cuántas notificaciones de LinkedIn has recibido que decían: «¡Acaban de despedirme!» u «Hoy la he fastidiado bien en el trabajo»? Deja de compararte con la imagen que otros proyectan en las redes sociales y, en cambio, pregúntate por tus avances para alcanzar tu vida profesional ideal. Esa es la única comparación que importa.

El enfoque de Marie para ordenar su red de contactos

Uno de los puntos más importantes para crear una red de contactos que te proporcione alegría reside en saber qué clase de relaciones te gustan. Por ejemplo, a algunos les encanta estar rodeados de amigos y divertirse con ellos. Otros prefieren tener relaciones más profundas con solo unas pocas personas. Yo pertenezco a esta última categoría. No se me da muy bien mantener el contacto y me siento más a gusto con menos relaciones.

No obstante, cuando me fui de la empresa de selección de personal y empecé a trabajar como consultora independiente, volqué mis esfuerzos en hacer todos los contactos posibles porque quería darme a conocer. Me apunté a seminarios y jornadas para personas de diferentes sectores e intercambiamos muchas tarjetas de visita. Sin embargo, poco a poco, me di cuenta de que algo fallaba.

Cuanta más gente conocía, más invitaciones a actos y fiestas recibía y más se saturaba mi agenda. Ya no tenía tiempo para hacer lo que realmente quería. Estaba tan inundada de correos que me costaba responderlos todos. Cuando miraba los nombres de mi ordenador portátil, el número de personas cuyas caras no recordaba no hacía sino aumentar.

No resultaba agradable estar inundada de información y me preguntaba si no sería un tanto deshonesto seguir conectada con personas que ni tan siquiera recordaba. Cuanto más aumentaban mis contactos, más incómoda me sentía, así que decidí reajustar mi red de contactos.

Valiéndome del método KonMari, miré cada nombre y solo conservé los que me transmitían alegría. El número de nombres de mi agenda y de mis aplicaciones se redujo de forma drástica y, al final, me quedé con solo diez personas, excluyendo a mi familia y a personas cuyos contactos eran imprescindibles para el trabajo. A decir verdad, me sorprendió la cantidad de nombres que eliminé, pero después me sentí aliviada y fui más capaz de cuidar las relaciones que había decidido mantener.

Al tener más tiempo y espacio mental, podía ponerme en contacto con mi familia más a menudo y dar sinceramente las gracias a mis amigos, incluso por cosas pequeñas. También sentía mucha más gratitud que antes por las valiosas personas con las que había decidido seguir en contacto.

Desde que reajusté mi red de contactos, tengo por norma revisar mis relaciones cada cierto tiempo y dar las gracias por tenerlas. Anoto los nombres de todas las personas con las que me relaciono en la actualidad y escribo lo agradecida que me siento. Esto hace que las valore aún más y me ayuda a cultivar relaciones más afectuosas. Esta práctica es ideal para mí porque, cuando estoy ocupada y enfrascada en mi trabajo, tiendo a olvidarme de ser considerada con las personas que me rodean.

Tal como harías para crear un estilo de vida feliz, elige lo que te proporcione alegría y cuida lo que decidas conservar: necesitas hacer las dos cosas para crear una red de contactos alegre. Cuando sientas que algo va mal en tu red de contactos, interprétalo como una señal. No dudes que puedes tener una vida más satisfactoria y aportar más a la vida de los demás cuando estás a gusto. Luego, despídete con gratitud de las relaciones que ya no necesitas y cultiva las que decidas conservar.

M. K.

Evalúa tus contactos para identificar las relaciones que te dan alegría

Es probable que tengas contactos en muchos sitios (LinkedIn, Facebook y otras redes sociales), además de las listas de contactos de tu móvil y tu plataforma de correo electrónico. Y Marie ya te ha ayudado a ordenar tus tarjetas de visita. Probablemente, poner tus distintas listas de contactos en un solo montón te ocupará mucho tiempo. En el caso de las relaciones, puedes ordenarlas por plataformas. Organiza los contactos de todas ellas de la misma manera. Empieza imaginándote tu vida profesional ideal. ¿Con qué clase de personas quieres relacionarte y pasar el tiempo?

Piensa en cada persona y pregúntate: «¿Qué contactos necesito para mi trabajo?». A veces, relacionarte con compañeros o socios es parte del trabajo.

A continuación, pregúntate: «¿Qué contactos pueden facilitarme avanzar en mi ideal de vida profesional?». Estos contactos ayudan a hacer posible un futuro que te aportará alegría, como un trabajo nuevo (y mejor) u oportunidades para obtener información u opiniones valiosas, por ejemplo, listas de posibles clientes o consejos útiles.

Por último, pregúntate: «¿Qué contactos me dan alegría?». Por ejemplo: «¿Sonrío cuando pienso en esa persona?», «¿Me alegraría verla pronto?». Algunas personas pueden transmitirte alegría porque tienes una relación valiosa con ellas. Otras pueden ser personas con las que te gusta pasar el tiempo o a las que disfrutas ayudando u orientando.

Si una persona no encaja en uno de los tres grupos anteriores, bórrala de tus contactos, deja de seguirla o silénciala en las redes sociales. Muchas plataformas de redes sociales te permiten eliminar contactos o al menos dejar de recibir notificaciones suyas sin que ellos lo sepan.

En el futuro, date permiso para ser selectivo con tus contactos. Yo solía aceptar sin pensar todas las solicitudes de amistad de LinkedIn o Facebook por la momentánea euforia que me provocaba tener otro contacto más. Pero me di cuenta de que, en realidad, no estaba creando una red de contactos, sino acumulando un montón de relaciones sueltas. Y no te sientas obligado a aceptar todas las peticiones de asistir a reuniones en persona ni de apuntarte a todas las jornadas de *networking* de tu zona. Puede parecer un poco radical, pero te liberará para estar presente y comprometido con los contactos que más te importan.

Cómo hacer contactos de calidad

Tony, a quien hemos conocido en el capítulo 4, celebró hace poco su tercer ascenso en siete años. Como profesional de ventas y marketing en el sector eléctrico, podrías pensar que Tony había creado una red de contactos formidable para sustentar su rápido desarrollo profesional. Pues no.

Después de una importante reestructuración en su compañía, despidieron a su supervisor y Tony creyó que él también podía sufrir el mismo destino pronto. En vez de acudir a un amplio grupo de contactos, habló con cuatro personas con las que ya tenía una relación de calidad. De inmediato, le buscaron cuatro oportunidades prometedoras. «No fue por la cantidad de mis contactos. No tenía treinta personas a las que llamar. Solo tenía unas pocas, pero todas eran personas de calidad», dice.

Cuando tienes una red de contactos limitada, es fundamental asegurarte de que estás forjando las relaciones apropiadas. Las investigaciones concluyen que las relaciones de calidad consisten en dos personas que se preocupan sinceramente la una por la otra, incluso en momentos difíciles, como una fecha de entrega muy ajustada, un error grave o, en el caso de Tony, una amenaza a su carrera profesional. Con esas personas, compartimos lo que verdaderamente sentimos, aprendemos de ellas y las relaciones que forjamos son capaces de superar los contratiempos.

Mi mentora, Jane, no solo es una reconocida experta en relaciones de calidad, sino también un ejemplo de cómo forjarlas en nuestra vida profesional. Mientras trabajaba en la Universidad de Michigan, demostró que las relaciones de calidad con los compañeros pueden propiciar muchos resultados positivos, como mejorar la salud física y psicológica, el aprendizaje y la creatividad.

Para forjar relaciones de calidad, en primer lugar debes estar presente. Poner un rápido «Me gusta» en Facebook a la publicación de un amigo o un «Felicidades» automático cuando alguien anuncia un ascenso en LinkedIn es fácil, pero carece por completo de significado. No preguntes «¿Qué tal estás?» si no estás preparado para una respuesta de cinco minutos que quizá no sea enteramente grata. Y no respondas con un superficial «Bien» si quieres forjar una relación de calidad. Recuerdo la primera vez que Jane me preguntó cómo me iba. Me apresuré a responder «Bien», suponiendo que solo me preguntaba por educación. Aún recuerdo vívidamente su reacción: me miró a los ojos y me preguntó con más firmeza: «No, ¿cómo te va de verdad?». No aceptó mi primera respuesta porque no iba a favorecer una amistad verdadera. Necesitaba ponerse en mi piel para poder saber realmente lo que pasaba en mi vida. Y yo tuve que superar mi temor a mostrarme vulnerable sincerándome con una persona cuya estima y respeto quería (y necesitaba). Aunque ella era una eminente académica (y yo un estudiante), seguía queriendo forjar una relación auténtica conmigo.

En segundo lugar, ayuda a los demás a hacer su trabajo lo mejor posible. Cuando las personas se dan cuenta de que tus ganas de ayudar son sinceras, se abren a la posibilidad de forjar una relación de calidad. Ser mentor académico es una excelente manera de lograrlo, pero no es la única. Entre las formas menos estructuradas de ayudar a otros están echar una mano a un compañero necesitado u ofrecernos a prestarle oído. Podemos influir mucho en la vida de los demás siendo una caja de resonancia, ofreciéndoles una opinión constructiva sobre un proyecto o defendiendo sus proyectos. Jane ha dedicado gran parte de su carrera profesional a ayudar a los estudiantes como pocos mentores hacen. Y los resultados hablan por sí solos, ya que ha formado a algunos de los profesionales más influyentes en su campo.

En tercer lugar, sé franco y confía en los demás. Muéstrate incluso más vulnerable: compartiendo tus errores y siendo honesto con tus defectos. Así, te haces accesible y demuestras que tú también puedes mejorar. Esto es difícil de hacer cuando no dejas de darle vueltas a qué opinión tendrán de ti en el trabajo. Y si eres jefe, los demás te colocan a veces en un pedestal, lo que te vuelve mucho más inaccesible. Incluso la persona más competente e increíble con la que trabajas comete muchos errores, ¡igual que tú! Deja de fingir que eres perfecto. Te permitirá empezar a relacionarte con más autenticidad.

Otra manera de cultivar la confianza es delegar de verdad. No asignes trabajo a alguien para después supervisar constantemente sus avances e ignorar sus ideas. Incluso al principio de mi doctorado, Jane confió en mí para que trabajara en partes importantes de proyectos de investigación. Y cuando metí la pata, se apresuró a señalar la cantidad de veces que ella también se había equivocado y a reconocerlo como parte de cualquier proyecto.

En cuarto lugar, favorece el juego. Hacer el tonto de vez en cuando no solo nos proporciona una vía de escape, sino que también nos ayuda a hacer reflexiones más profundas y activa nuestra creatividad. Los encuentros de equipo o empresa que celebran un logro pueden ser entretenidos, pero los encuentros más espontáneos y no programados suelen ser más auténticos y menos forzados.

A lo largo de su carrera profesional, Jane ha organizado muchos encuentros para destacados académicos internacionales. Los profesores de universidad tienden a ser un colectivo bastante introvertido, serio y cínico. No obstante, ella siempre encuentra una manera de hacerlos jugar. Una de sus técnicas preferidas es repartir un elemento que simboliza el tema del encuentro y, a la vez, favorece una actitud lúdica en los asistentes, por ejemplo, plantar semillas en un congreso sobre crecimiento o desarrollo profesional.

En vez de aceptar sin pensar siempre que te pidan orientación académica, consejo u otra clase de ayuda, cultiva las relaciones que más importan. Es totalmente lícito decir que no a peticiones superficiales, de igual manera que es personalmente gratificante usar tu red de contactos para ayudar a las personas que de verdad te importan. Sustituyamos hacer meros contactos por forjar relaciones de calidad, reemplazando las redes de contactos extensas que a menudo tienen poca sustancia por otras menos extensas de relaciones que nos transmitan verdadera alegría.

8

Ordenar las reuniones

Gavino llevaba la mayor parte de su vida trabajando en el sector público, sirviendo en el cuerpo de policía y más adelante en el ejército de Estados Unidos. Era una carrera profesional satisfactoria, con momentos memorables como mejorar el plan de estudios y las operaciones de una academia de policía y ayudar a garantizar unas elecciones libres en Afganistán. Pero también era una carrera profesional llena de reuniones. Con sesiones informativas diarias obligatorias, Gavino tenía que asistir a reuniones aunque no hubiera nada de qué hablar.

Al final, dejó el sector público para trabajar en una consultoría de alcance mundial. Ayuda a algunas de las empresas más grandes del mundo a poner sus funciones de recursos humanos, como la gestión de las nóminas y las vacaciones, en una única plataforma tecnológica.

Gavino descubrió rápidamente que el mundo empresarial es muy distinto del sector público. Sin protocolos estrictos, los jefes podían decidir cuándo, y cómo, celebrar sus reuniones.

Su primer proyecto fue para un fabricante con sede en Florida. Los corresponsables del proyecto tenían formaciones y puestos similares en la consultoría. Aunque ambos asistían a sus respectivas reuniones, cuando la batuta pasaba de uno a otro, su manera de llevarlas era distinta. John, el primer responsable, prefería programar reuniones frecuentes y larguísimas. Mark programaba menos reuniones que eran más cortas y concisas.

En las reuniones de John, las conversaciones no tenían un objetivo y solo concluían cuando todos estaban tan cansados que simplemente dejaban de hablar. En una reunión interminable, uno de sus compañeros ideó un plan para liberarlos a todos: huir al baño. Después de que una asistente dijera que tenía que ir al aseo, otros la siguieron de inmediato y por fin dieron la reunión por terminada. «Estas reuniones te apartan literalmente de tu trabajo y te alargan muchísimo la jornada…, casi parecen un castigo…, te amargan el trabajo», se quejó Gavino.

En cambio, las reuniones de Mark empezaban puntuales y a menudo terminaban antes, gracias a que se seguía un orden del día. Gavino se sentía motivado e interesado durante y tras estas reuniones, dispuesto a ponerlo todo de su parte y a contribuir de manera provechosa.

Por mucho que nos defrauden las reuniones, las necesitamos. Son el espacio donde se nos ocurren nuevas ideas, tomamos decisiones importantes, aprendemos de los demás y colaboramos. Según un estudio, más del 15 por ciento de la satisfacción de una persona con su trabajo se basa en la satisfacción con las reuniones a las que asiste. Es una cifra bastante elevada cuando se consideran los numerosos factores que influyen en la satisfacción laboral, como la clase de trabajo que se desempeña, el sueldo, las posibilidades de ascenso y la relación con el jefe.

Cuando dirigimos reuniones bien organizadas o participamos en ellas, es mucho más fácil experimentar alegría en el trabajo. No obstante, no hay duda de que, mal dirigidas, las reuniones se convierten en un grave problema y en uno de los mayores obstáculos para nuestra productividad. Disminuyen nuestra motivación, nos agotan emocionalmente y nos privan de alegría en el trabajo. Pero, tal como ilustra la experiencia de Gavino, las reuniones no son necesariamente el problema.

Es posible ser más productivo con menos reuniones y más cortas. Sea cual sea tu cargo o función, hay una serie de sencillos pasos que puedes dar para ayudar a hacer las reuniones dos veces más eficaces en la mitad del tiempo, ¡a la vez que aportas un renovador toque de alegría!

Imagina tu reunión ideal

Antes de empezar a ordenar tus reuniones, piensa en cómo es una «reunión ideal», tanto las reuniones a las que asistes como las que quizá dirijas oficialmente. Aunque acabes de empezar tu carrera profesional y estés a merced de cómo otros dirigen las reuniones, es importante que sepas qué quieres sacar de ellas. Si te dices que todas las reuniones a las que asistes van a ser una experiencia deprimente, eso es lo que ocurrirá.

¿Describirías tu reunión ideal como una reunión que tiene un propósito y objetivo claros? ¿Participación activa? ¿Personas que se escuchan, respetan sus respectivas opiniones y se lo pasan bien? ¿Una reunión que puede dar resultados en poco tiempo?

Escribe o piensa sobre cómo querrías sentirte en una reunión ideal y sobre los resultados que daría.

Junta tus reuniones

Es posible que no te des cuenta de cuánto tiempo y esfuerzo inviertes en reuniones porque las tienes repartidas a lo largo de la semana. Es hora de juntar todas tus reuniones en el mismo sitio.

Revisa tu agenda de la semana anterior e identifica todas las reuniones a las que asistes. Si las hubo, asegúrate de incluir las que no estaban programadas oficialmente, como un corrillo de última hora. A continuación, utilizando una ficha para cada reunión (o una hoja de cálculo, como antes), escribe el nombre, los minutos que duró y cada cuánto la tienes.

Después, coge cada ficha y pregúntate:

«¿Era necesaria para mi trabajo?». Por ejemplo, ¿te aportó información que no podrías haber obtenido leyendo algo? ¿Te ayudó a resolver problemas serios? ¿Tuvo como resultado tomar una decisión crucial o definir una estrategia clave? ¿Tuviste que asistir porque el jefe se habría enfadado si no lo hacías? En el caso de las reuniones semanales, ¿es realmente necesario asistir a todas?

«¿Me ayudó a acercarme más a mi vida profesional ideal?». Por ejemplo, ¿aprendiste algo para desarrollarte profesionalmente?

«¿Me proporcionó alegría?». Por ejemplo, ¿te hizo sentir más conectado con tus compañeros? ¿Te lo pasaste bien?

Rompe las fichas de todas las reuniones que no cumplan al menos una de estas condiciones. Recuerda darles las gracias por lo que te han enseñado (¡aunque sea cómo no debe dirigirse una reunión!).

Con las reuniones que organizas tú, coge cada ficha con la mentalidad de que vas a cancelar todas las que tienes programadas. Nada es sagrado, ni la toma de contacto semanal, ni la reunión externa trimestral, ni la reunión para informar al término del semestre ni la reunión bimensual sobre un proyecto. Mantén solo las reuniones periódicas que habitualmente dan los mejores resultados y brindan más satisfacción a los participantes, hasta que ya no sean necesarias ni útiles. El hecho de que hayan dado magníficos resultados no significa que tengan que mantenerse eternamente.

Ahora pon las fichas que te quedan delante de ti para poder verlas todas. ¿Qué te dicen de tu trabajo? ¿Estás dedicando demasiado tiempo a reuniones y no el suficiente a hacer tu trabajo? ¿Son la mayoría de las reuniones requisitos de tu puesto de trabajo y demasiado pocas te están acercando más a tu vida profesional ideal? ¿Te pasas el día asistiendo a reuniones solo para complacer al jefe?

Distingue entre reuniones desorganizadas y reuniones sin interés

Haz todo lo posible para que te dispensen de asistir a cualquier reunión que no sea necesaria, no te ayude a hacer realidad un futuro alegre o no te transmita alegría. Lo cierto es que, por mucho que nos esforcemos, no siempre va a sernos posible hacerlo. Para algunos, dada la naturaleza de su lugar de trabajo, quizá no lo sea nunca. Tendrás que juzgar por ti mismo cuáles son tus condiciones de trabajo. Sin embargo, muchas personas tienen más libertad de la que creen.

Por lo general, hay dos razones para que la gente no quiera asistir a una reunión: porque está desorganizada o porque no tiene especial interés para su trabajo. Más adelante explicaré cómo todos podemos contribuir a organizar mejor una reunión. Ordenar puede mejorar las reuniones desorganizadas y, como tienen interés, merece la pena mantenerlas. Tú puedes intervenir para ayudar a desarrollar todo su potencial.

Si descubres que el propósito de una reunión no te sirve para aprender ni para hacer aportaciones, es hora de que intentes dejar de ir. Asistir no está acercándote más a tu vida profesional ideal ni sirviendo a otro propósito, como ayudar a compañeros en su trabajo. En la actualidad, Tony, el profesional de marketing del sector eléctrico que hemos conocido en el capítulo 4, reflexiona sobre el valor de cada reunión antes de asistir. Muchos de sus compañeros se quedan trabajando hasta muy tarde porque se pasan el día yendo de reunión en reunión y nunca pueden terminar sus proyectos. «Probablemente, solo el 10 por ciento de las reuniones les merecen la pena», calcula.

Tony adopta un enfoque directo. Sabe que ser buen compañero de equipo le concede cierto margen de maniobra para declinar educadamente reuniones. Aunque es un empleado de nivel medio que no las organiza, ha desarrollado el suficiente criterio para saber a cuáles le merece la pena ir. Y cuando juzga que no le será útil asistir, no le da vergüenza decírselo a su jefe. «Si voy a la reunión, no haré un trabajo que beneficia a nuestros accionistas», le gusta decir.

Muchas empresas valoran tanto las reuniones que no es razonable saltárselas sin hacer nada más. Algunas personas pueden no tener la confianza o la categoría suficiente para declinar una reunión de forma explícita. Quizá te sientas obligado a asistir porque es intimidante, y quizá incluso imprudente, decir a un compañero que no irás a una reunión. Imagina cómo sería la conversación.

«Lo siento, pero tu reunión me agota y es inútil. No voy a ir». Y cuando tu jefe convoca la reunión, parece imposible decir que no. Así pues, ¿qué puedes hacer?

Considera la posibilidad de solicitar de antemano una descripción del propósito general de la reunión junto con el orden del día. Hazlo guiado por un deseo sincero de ir preparado. A lo mejor descubres que la reunión tiene interés para tu trabajo. Pero, si sigues abrigando dudas sobre lo que puedes aprender o aportar, pasa a hacer preguntas sencillas. Formúlalas de maneras que demuestren que tienes interés en que la reunión salga bien para que el organizador no se ponga a la defensiva. Haz preguntas como «¿De qué manera puedo contribuir mejor al éxito de esta reunión?» o «¿Cómo puedo prepararme mejor para esta reunión?». Estas preguntas te brindan una manera rápida y poco arriesgada de hacerte una idea más clara de tu papel durante una reunión. Puede que incluso ayuden al organizador a concluir que tu presencia no es necesaria.

Si, después de este primer intento, sigues estando convencido de que no tienes nada que aportar, pide educadamente al organizador que te dispense de asistir. Puedes decirle que no eres la persona más indicada. Las investigaciones demuestran que dar una explicación, como no tener información pertinente o interés en el resultado, aumentará tus posibilidades. Si puedes, nombra una persona que pueda aportar más a la reunión.

Si todo lo demás falla y no te queda más remedio que asistir a esa horrible reunión, identifica al menos una cosa que puedes aprender de ella.

Asistir a más reuniones no aumenta tu valor

Sé franco contigo mismo sobre si estás contribuyendo sin darte cuenta a tener un montón de reuniones tan grande. Cuando pregunto a las personas si tienen demasiadas reuniones en su agenda, casi siempre responden que sí. No obstante, cuando les pregunto cómo se sentirían si no las invitaran a una reunión, es igual de probable que lo interpreten como un insulto o una señal de marginación. Intenta quitarte de la cabeza la idea de que, cuantas más sean las reuniones a las que asistas, más importante serás. ¿De verdad necesitas ir o quieres siquiera hacerlo? ¿Solo intentas participar porque te parece que será una señal de lo que vales? ¿O te preocupa perderte una conversación importante o una decisión clave? Recuerda que las reuniones solo son una de las muchas maneras en las que puedes cambiar las cosas. Tu objetivo no es ganar el premio a la mayor asistencia a reuniones.

Cualquiera puede generar más alegría en una reunión

Cuando asistes a una reunión, entras en un espacio compartido donde se colabora, se toman decisiones y se intercambian ideas. Valora este espacio y se convertirá en motivo de alegría. No lo utilices para promover tus limitados intereses personales. Las reuniones no son el lugar indicado para dar interminables discursos, entrar con una mentalidad cerrada o despreciar las ideas de tus compañeros para impulsar las tuyas.

Regla número 1: asiste, pero de verdad. He observado demasiadas reuniones en las que pocas personas están realmente presentes e implicadas. Siéntate bien derecho, acerca la silla a la mesa e irradia energía positiva. Este no es el momento de dejar vagar la mente.

Regla número 2: acude preparado. Si un líder ha mandado el orden del día con antelación, asegúrate de haberlo leído. Si te parece que no tienes tiempo suficiente para prepararte, es probable que tampoco lo tengas para asistir a la reunión. Vuelve a preguntarte: «¿Merecía realmente la pena mantener esta reunión?».

Regla número 3: guarda tus dispositivos electrónicos. En serio, todos te vemos cuando miras el móvil con disimulo. Es grosero y da la impresión de que la reunión no es importante ni digna de tu atención. Llena la sala de ruidos, como el tono de las notificaciones o el sonido táctil de la pantalla. En cuanto alguien empiece, otros seguirán su ejemplo y el grupo tratará la reunión sin el respeto que merece. Si te centras en la reunión, esta será más corta, efectiva y agradable.

Regla número 4: escucha... ¡de verdad! Deberíamos ser capaces de aprender los unos de los otros durante las reuniones. Esto es algo que cuesta bastante, porque a todos nos gusta hablar. En una serie de experimentos, los investigadores observaron que los participantes querían explicarse tanto que estaban dispuestos a renunciar a ganar una cantidad de dinero en efectivo por hacerlo durante más tiempo. Un vistazo a las imágenes de sus cerebros reveló que hablar genera las mismas sensaciones de satisfacción que comer o tener relaciones sexuales. Así pues, no es de extrañar que en reuniones enseguida haya una confusión de conversaciones que se desvían del tema y casi nadie se escuche.

Regla número 5: di lo que tengas que decir. Hay veces que tienes información única que compartir. Concéntrate en hacer avanzar la conversación con nueva información, una perspectiva distinta o volviendo a encauzar la discusión. Si observas que el grupo necesita más reflexión crítica, propón que alguien haga de «abogado del diablo» o represente a un «competidor» o a otra parte interesada, como otro grupo de la empresa, un regulador o un cliente. Aunque un líder eficaz atajará las conversaciones superfluas e inútiles, un buen participante puede regular su comportamiento y darse cuenta de cuándo es hora de hablar y cuándo de escuchar basándose en una sencilla regla: «¿Estoy aportando información nueva que ayuda a avanzar hacia un objetivo de la reunión?». De no ser así, es hora de escuchar a los demás.

Regla número 6: no hagas daño. Somos adultos responsables. Echar la culpa a otras personas, interrumpirlas o darse autobombo altera el desarrollo de una reunión. En un singular estudio de noventa y dos reuniones de equipo, las malas conductas provocaron mucho más daño del bien que hicieron las positivas. Así que, como mínimo, deja en tu mesa tus comentarios sarcásticos y tu mala actitud.

Por último, apoya a los demás. En vez de rechazar de inmediato lo que dice una persona, intenta mejorarlo. Sustituye «No, pero» por «Sí, y» para suprimir tu instinto de rechazar las ideas ajenas y condicionarte a desarrollarlas. Ella se sentirá mejor y tú también, por ayudarle.

Llevar una reunión ordenada

Tal vez seas un directivo que dirija reuniones con regularidad. O quizá aspires a subir de nivel en tu profesión y asumir más responsabilidades, lo que probablemente comportará organizar reuniones. Puede que trabajes con clientes y necesites organizar vuestras conversaciones para obtener mejores resultados. Es posible que tu jefe acuda a ti para pedirte que lleves una reunión en su ausencia. ¿Estarás listo? Sea cual sea tu puesto, aprender a llevar una reunión ordenada es una competencia que te será muy útil.

En primer lugar, debes saber qué quieres lograr. ¿Es siquiera necesario tener una reunión? Algunas reuniones son puramente informativas y por lo general hay una manera más eficaz de compartir la información. Una sencilla impresión con unas cuantas láminas de PowerPoint puede compendiar lo que vas a tratar. Haz llegar a tus empleados la información actualizada fuera del horario laboral y reserva las reuniones para cambiar opiniones y tomar decisiones.

Con las reuniones periódicas automatizadas, la reunión semanal tiene lugar por defecto a menos que alguien la cancele activamente. ¿Puedes, en cambio, sustituir una reunión periódica por una esporádica cuando tienes algo importante que tratar?

En segundo lugar, piensa con detenimiento en los participantes. En la era digital, es demasiado fácil invitar a otros a asistir. También es tentador añadir el mayor número de personas posible, sea para que la reunión parezca más importante o porque crees que se desarrollará con más fluidez. Si tuvieras que escribirles la invitación a mano, ¿te tomarías la molestia de incluirlas?

La verdad es que, con demasiadas personas, las reuniones avanzan más despacio. Más importante que tener la sala llena es juntar en ella a las personas indicadas: las que tengan información única que aportar o autoridad para adoptar medidas o tomar una decisión.

En tercer lugar, expón los objetivos de la reunión en la invitación. Conocerlos ayudará a los asistentes a decidir si son verdaderamente necesarios. Si no lo son, dales permiso para saltársela sin consecuencias. Si descubres que la reunión no es tan efectiva sin la presencia de una determinada persona, hazle saber cómo cambiaría las cosas su participación. Si la reunión avanza bien sin ella, no era verdaderamente necesaria.

Asegúrate de que el orden del día contiene suficiente información para que los asistentes puedan prepararse como es debido. Por ejemplo, puedes identificar las decisiones concretas o las propuestas de medidas que debatiréis, pedirles que piensen en preguntas de antemano e invitarles a llegar con ideas concretas.

En cuarto lugar, fomenta la participación. Has invitado a los asistentes a hacer aportaciones y no hay manera más rápida de desmoralizar a un grupo de gente que hablar solo tú. Deja claro desde el principio que tu objetivo es que todos expresen sus ideas y no les obligues a solo escucharte ni a estar de acuerdo con todo lo que dices. Cuando los líderes hablan demasiado, se tarda más en tomar decisiones, la productividad se reduce y, en general, las decisiones son peores.

Evita que los asistentes tengan que intervenir de forma consecutiva siguiendo un orden preestablecido. En cambio, pídeles que hablen cuando tengan algo que aportar. Favorece su participación activa con preguntas abiertas que fomenten el debate y permitan que todos se sientan libres de participar. Puedes hacer preguntas como: ¿Qué otra forma habría de plantear este problema? ¿A qué puntos ciegos debemos estar atentos? ¿Qué pensarán nuestros clientes, empleados u otras partes interesadas?

Si los asistentes no participan, sobre todo en una reunión periódica, ten una conversación rápida con ellos para animarles a intervenir la próxima vez. ¿Les parece que no tienen nada que aportar? En tal caso, ¿es porque no son las personas más indicadas para asistir a la reunión? Dispénsales de hacerlo. Si les falta confianza, por ejemplo, si son la persona de la reunión con menos nivel, diles que las has invitado porque quieres conocer su opinión.

En quinto lugar, fija un límite de tiempo para las reuniones. Treinta y sesenta minutos son duraciones frecuentes porque son números redondos, pero, aparte de eso, no tienen ninguna lógica. Las reuniones rara vez terminan antes de tiempo, ni tan siquiera cuando ya se han alcanzado los objetivos. Si están programadas para que duren varias horas, se prolongarán durante ese tiempo.

Una vez que tus reuniones pasan de sesenta minutos, es probable que los asistentes desconecten. Con demasiado tiempo, la primera mitad de las reuniones tiende a ser improductiva, dado que no hay ninguna urgencia. Aparte de ocupar menos tiempo, una reunión más corta y un apremio moderado pueden favorecer la creatividad.

Intenta acortar las reuniones existentes en intervalos de quince minutos hasta que veas que te falta tiempo.

Aunque las reuniones demasiado largas nos chupan la energía, ten cuidado de no sustituirlas por otras más frecuentes de menor duración. Casi todo el mundo dice que sí cuando le piden asistir a una reunión corta, pero estas pueden salir casi tan caras como las largas (y eso es suponiendo que no se alarguen, lo que rara vez sucede). Prepararse para ellas ocupa mucho tiempo y alteran el ritmo de trabajo. En un estudio, los investigadores hallaron que los minutos pasados en reuniones influían poco en el bienestar de los empleados. Lo que importaba era la cantidad de reuniones a las que asistían. Las constantes interrupciones que les provocaba tener muchas reuniones cortas les dejaban mucho más desanimados y agotados que asistir a unas pocas más largas. Los investigadores también concluyeron que tener más reuniones no aumentaba la productividad. Es mucho mejor agrupar varios temas relacionados en una sola reunión de unos cuarenta y cinco minutos que programar varias reuniones cortas a lo largo de la semana.

Celebra las reuniones de pie, sin la mesa y sillas tradicionales, ya que así se generan ideas más creativas y se favorece la colaboración. Sentarse marca simbólicamente el territorio, lo que nos induce a ser demasiado posesivos con nuestras ideas y estar menos abiertos a las nuevas. En cambio, estar de pie nos lleva a participar más y a ser menos territoriales. Una ventaja añadida es que las reuniones que se celebran de pie tienden a ser más cortas.

Por último, de igual forma que una reunión necesita un propósito y un orden del día, también necesita una recapitulación. Empieza dando las gracias a todos por participar. Los asistentes han sacado tiempo de su apretada agenda para acudir, así que les debes una sincera expresión de gratitud. La recapitulación debería ayudarles a entender por qué su tiempo ha estado bien empleado. Haz preguntas como: ¿Qué avances hemos hecho?, ¿Qué trabas hemos tenido?, ¿Qué hemos aprendido?, ¿Qué hemos resuelto? Al final de una reunión en la que se ha tomado una decisión, pide a los asistentes que se comprometan públicamente a trabajar para respaldarla, aunque no estén de acuerdo con ella. Con esta declaración pública, es mucho más probable que se atengan a lo decidido y será más difícil que después menoscaben o saboteen la decisión en conversaciones extraoficiales con otros empleados.

Imagina reuniones que sean estimulantes y a las que de hecho tengas ganas de asistir. Que permitan avanzar en proyectos de mucho valor y a veces incluso terminen antes. Este ideal está a tu alcance si pones de tu parte para ordenar las reuniones. ¡Ayuda a que todos empiecen a experimentar más alegría en la sala de reuniones!

9

Ordenar los equipos

Marcos tenía el trabajo de sus sueños. Era el analista de recursos encargado de supervisar las compras de material informático en toda América del Norte para una importante compañía eléctrica y estaba contento de ir a trabajar todos los días. Pero, cuando llevaba un año en su puesto, el sector eléctrico se hundió. Eliminaron su puesto. El director de Marcos le dio un ultimátum: irse de la compañía o cambiarse de equipo.

Como es comprensible, Marcos se disgustó. No quería dejar su antiguo equipo, y la labor del equipo nuevo le parecía bastante aburrida: revisar y corregir las quince mil facturas que la compañía recibía todos los meses. Pero como no quería quedarse sin trabajo, se incorporó de mala gana al nuevo equipo y emprendió la soporífera labor de corregir errores de facturación. «Fue penoso. Yo estaba dolido», reflexionó.

A su llegada, se dio cuenta de que la labor del equipo era desastrosa. Con un índice de error de dos cifras, demasiadas facturas se quedaban sin pagar o se abonaban de manera incorrecta. Además, el equipo de quince personas no tenía un líder oficial. Marcos asumió el papel. «Te han dado el peor cometido en la organización de la cadena de suministros —se dijo—. ¿Puedes convertirte en líder sin que exista oficialmente el puesto?». Se convirtió en la persona de confianza para corregir los errores de facturación y de ese modo les hizo el trabajo más fácil a sus compañeros. Gracias a las pautas que dio al resto del equipo, sus esfuerzos tuvieron un impacto aún mayor.

Su empeño cambió mucho las cosas. El equipo se consolidó, sus compañeros empezaron a disfrutar de lo que hacían y el grupo redujo el índice de error en varios puntos porcentuales. Estaban empezando a hacerse notar por la calidad de su trabajo. Muy pronto, la dirección premió a Marcos con un nuevo puesto como analista de la cadena de suministros, un sector más respetado de la compañía. Cuando dejó el grupo de facturación, la dirección ofreció a su sucesor el puesto oficial de líder del equipo, un reconocimiento que Marcos no había tenido, pero un testimonio del impacto de su papel no oficial.

Marcos mantuvo el contacto con su antiguo equipo. En unos pocos meses, el nuevo líder deshizo muchos de los cambios que él había instituido. La moral y la dedicación declinaron mucho. Menos de un año después de que Marcos se fuera, la dirección le pidió que volviera al grupo.

Por segunda vez en otros tantos años, Marcos dejó un puesto que le encantaba para volver con un equipo cuya labor le parecía tediosa. Para colmo de males, el grupo no tendría, una vez más, un líder designado y Marcos no obtendría el reconocimiento oficial, ni el aumento de sueldo, que consideraba que merecía. Era decepcionante, pero, en el fondo, parte de él se alegraba de aceptar el desafío.

Acometió su segunda vez con grandes planes. «Aunque estas personas no están bajo mis órdenes, voy a reconstruir este equipo y hacer que funcione de inmediato», pensó. Ejerciendo como el líder que muchos de nosotros aspiramos a ser, se dispuso a ordenar el equipo. Era demasiado grande e improductivo, y se había convertido en un lugar en el que los empleados experimentaban poca alegría. Se fijó la ambiciosa meta de reducir el índice de error de más del 10 por ciento al 3 por ciento y disminuyó el tamaño del grupo. Quería que el equipo fuera tan eficiente que resultara imposible que le pidieran que interviniera por tercera vez. «En el equipo, todos saben que estoy intentando automatizar procesos para que me cambien a otro puesto», alardeó.

Ayudó a diseñar un robot para realizar el trabajo equivalente a cinco miembros del equipo, lo que allanó el camino para reducir el tamaño del equipo a menos de la mitad. Después, encontró mejores ocupaciones para sus compañeros de equipo. Uno pasó del trabajo manual y rutinario de corregir facturas a hacerse cargo de las reuniones del grupo. Otra por fin tuvo el valor de cambiarse a un equipo que aprovecharía mejor sus aptitudes. Gracias a los esfuerzos de Marcos, la empresa se ahorraba mucho dinero y los empleados realizaban labores que les daban más alegría: nada que ver con la monotonía de corregir miles de facturas. Marcos se sentía realizado ayudando a todos y describía su trabajo como «totalmente satisfactorio».

Cuando los equipos están en sintonía, trabajar en ellos es vigorizante y la productividad es alta. Los miembros están orgullosos y comprometidos con tener un impacto positivo. Pero cuando nos encontramos en un equipo que está desorganizado, perdemos el tiempo y nos frustramos. Puede que incluso desconectemos por completo y

nos presentemos sin habernos preparado o poco dispuestos a exponer nuestras ideas.

Dada la naturaleza de casi todos los trabajos, es difícil
experimentar alegría en el trabajo si los equipos de los que
formamos parte no son alegres. Marcos aprovechó la oportunidad para mejorar su equipo, incluso sin ser el líder oficial.
Transformó un equipo ineficaz que realizaba una labor mo-
nótona en uno organizado que desempeñaba un trabajo
mucho más grato y de mayor calidad. Aunque no dirijas un
equipo, ¡puedes poner de tu parte para volverlo más alegre!

Visualizar tu equipo ideal

Probablemente te has encontrado con dos clases de
equipos. Los equipos principales de trabajo son grupos
permanentes organizados por lo general en torno a un
departamento u otra necesidad organizativa. Entre los
ejemplos están una plantilla de enfermeras, un batallón
de soldados o un grupo de liderazgo funcional. Los equipos de proyecto son temporales y se crean para resolver
un problema concreto, lanzar un producto, atender a un
cliente o tomar una decisión. Ambas clases comportan
colaborar con otras personas, conciliar distintos puntos
de vista, y generar ideas y ponerlas en práctica.

Tómate un momento para imaginar cómo es tu equipo ideal. ¿Qué sensación te da? ¿Está lleno de interacciones positivas y relaciones enriquecedoras? ¿Es un equipo «que va al grano» y liquida rápidamente una tarea o hay espacio para relacionarse más allá del trabajo, lo que incluye salir de copas con los compañeros? ¿Es tu equipo ideal un equipo que te desafía a esforzarte al máximo? ¿Te brinda apoyo, te motiva o te ayuda a desarrollarte profesionalmente? No hay una respuesta correcta o incorrecta, mientras a ti te parezca bien.

Pon tus equipos en un montón

Es hora de juntar todos tus equipos en un montón. En la parte de arriba de una ficha (o en una hoja de cálculo), escribe el nombre de todos tus equipos, incluidos tu grupo principal de trabajo y todos los equipos de proyecto.

Ahora averigüemos qué sucede en cada equipo. Por supuesto, está el «grupo de trabajo [en blanco]» o el «equipo genérico para resolver problemas». Pero ¿cuál es el verdadero propósito de estos equipos? Tener un propósito es creer sinceramente en el valor del trabajo que hacemos. Nos ayuda a encontrar significado a nuestros esfuerzos conectándonos con un objetivo más amplio. Sin un propósito, los equipos se desorganizan enseguida y vagan sin rumbo de tarea en tarea, sin tener una razón de ser clara.

El líder de un equipo debe definir el propósito de este, así que, si esa persona eres tú, ¡ponte en marcha! El resto queremos comprender el propósito de un equipo, aunque nunca nos lo hayan dicho, para poder sentir que nuestros esfuerzos tienen un significado y nuestro tiempo está bien empleado. Decir únicamente «para desarrollarnos profesionalmente», «para resolver problemas» o «para mejorar el proceso» es demasiado impreciso. También es poco motivador. De la manera más concreta posible, relaciona la labor del equipo con ayudar a una persona o grupo. En el caso del equipo de facturación de Marcos, lo importante no era corregir errores. Su equipo se sentía llamado a devolver la integridad a la empresa pagando a los proveedores correcta y puntualmente. Un equipo que desarrolla productos funciona de manera óptima cuando su propósito no solo es lanzar productos, sino complacer a los clientes y mejorarles la vida.

En un estudio muy motivador, los investigadores observaron a un equipo de limpiadores de hospital. Su trabajo consistía en limpiar las habitaciones de los pacientes y los espacios públicos, una labor a menudo desagradable que suele generar empleados infelices. No obstante, este equipo funcionaba muy bien y los trabajadores estaban encantados con su trabajo. ¿Su secreto? En vez de restringir el propósito de su equipo a limpiar lo que ensuciaban los pacientes, se consideraban personas que brindaban una atención esencial a los enfermos. Además de proporcionar un entorno confortable para pacientes que recibían tratamientos complejos, el equipo ayudaba a los enfermos a sentirse mejor, por ejemplo, ofreciéndoles pañuelos de papel si lloraban o un vaso de agua si tenían náuseas.

Escribe una frase en cada ficha que resuma el propósito de cada equipo del que formas parte. Pregúntate: «¿Qué aporta nuestro equipo a los objetivos o visión de la empresa?», «¿Qué información o ideas útiles estamos generando?», «¿Qué me gusta personalmente de participar en el equipo?».

¿Te cuesta responder estas preguntas? Habla con otros miembros del equipo sobre cuál consideran que es el propósito del equipo. Si sigue costándote, puede que el equipo no tenga una razón de ser. Algunos equipos quizá tuvieron un propósito en otra época, pero ya lo han cumplido.

Evalúa tu montón de equipos

Ahora coge cada ficha, pasando de la más fácil a la que te parece más difícil. Para la mayoría, esto conllevará empezar por el equipo con el que tienen menos implicación y terminar por el grupo principal de trabajo. Hazte estas preguntas sobre cada equipo:

«¿Es el equipo un requisito para mi puesto?». A menos que cambies de trabajo, tendrás que seguir participando en tu grupo principal de trabajo. Otros equipos tienen que mantenerse porque proporcionan información necesaria para hacer tu trabajo, necesitan tus aportaciones o sencillamente porque tu jefe lo exige.

«¿Me ayuda el equipo a acercarme más a mi vida profesional ideal?». Quizá te motiva o te proveerá de las competencias o los contactos que harán posible el futuro alegre que quieres.

«¿Te aporta alegría?». Por ejemplo, ¿te genera alegría trabajar para el propósito del equipo en sí?

Antes de dejar una ficha, reconoce que, por mal que a veces puedas sentirte en un equipo, por lo general siempre hay algo de valor en él. ¿Qué puedes aprender de alguno de sus miembros? ¿A quién estás más unido y con quién disfrutas más hablando? ¿Qué clase de labor desempeñas para el equipo que merezca la pena?

Separa los equipos en dos grupos: los equipos con los que estás contento y los que necesitan mejorar. Si tu equipo principal de trabajo te proporciona alegría, estás en muy buen lugar, ya que es donde sueles pasar la mayor parte del tiempo. Si el equipo de un determinado proyecto te genera alegría, ¿qué te atrae de él? Saber qué te transmite alegría te ayudará a conocerte mejor y a tener una idea más clara de qué querrías que te reportara tu trabajo.

Me encantaría poder darte un truco para desechar el montón de los equipos que no te aporten alegría, pero eso no es factible en la mayoría de los casos. Lo que sí puedes hacer es mejorar el equipo para que te genere más alegría (y menos frustración). Céntrate en este montón de equipos, pero los consejos que voy a darte también pueden mejorar aún más un buen equipo. Recuerda que, sea cual sea tu trabajo, hay algunas maneras sencillas de conseguir que un equipo dé más alegría.

No contribuyas al desorden del equipo

Un solo miembro desconectado puede convertir rápidamente un equipo que da alegría en uno desordenado en el que todos se desmotivan. Nadie quiere hacer más de lo que le toca para compensar la desidia de los miembros del equipo que se relajan y acuden sin prepararse. Los aprovechados son tóxicos para el ambiente de un equipo. «¿Por qué voy a esforzarme cuando fulanito de tal no lo hace?», suele ser el argumento. Cuando esta actitud se extiende, los equipos se desordenan. Aparte de las acusaciones y las actitudes defensivas, menos miembros acuden preparados y menos aún trabajan a su máxima capacidad. Los que trabajan de más para compensar empiezan a resentirse y pueden desgastarse.

Hay una explicación para que las personas se desconecten de un equipo y no suele ser que sean vagas o irresponsables. Seguro que alguna vez no has participado en un equipo porque pensabas que los demás eran más inteligentes, sabían más o tenían más experiencia que tú. Con frecuencia, la falta de confianza nos impide ver las joyas únicas que aportamos al trabajo. El miembro con menos experiencia de un equipo a menudo es el que ayuda a resolver los problemas más difíciles. No permitas que la falsa idea de que no tienes nada que aportar te impida participar, ni tampoco que cree un ambiente de equipo que dé la impresión de que no estás del todo presente. Ayuda a generar confianza haciendo saber a todos (¡tú incluido!) que tienen valiosas aportaciones que hacer. Sé preciso identificando algo que hagan y que influye positivamente en ti, el equipo, otro miembro de la organización o un cliente.

La confianza mantiene los equipos ordenados

En el vertiginoso mundo laboral de hoy, la confianza mutua ayuda a evitar que las personas se desgasten y se lleven los problemas del trabajo a casa, a la que llegan de mal humor, con poco tiempo que dedicar a unos seres queridos que merecen la energía que los trabajadores ya no tienen. Además de crear un ambiente de trabajo mucho más agradable, la confianza ayuda a los equipos a alcanzar objetivos importantes. Cuando estamos en un grupo con mucha confianza mutua, todos sus miembros intentan mejorar lo colectivo. En los grupos con poca confianza mutua, esos esfuerzos se dirigen a objetivos personales, normalmente a costa del grupo. El resultado: un equipo desordenado plagado de discusiones que invierte mucho tiempo en lograr muy poco.

La confianza es difícil de generar en el momento que se necesita, así que no esperes. Dedica tiempo a conocer a los componentes del equipo fuera de la oficina. Comparte abiertamente información con ellos que les anime a hacer lo mismo contigo. No te precipites en culpar de los errores a otros miembros del equipo, ya que estarán menos dispuestos a reconocerlos en el futuro. En cambio, hablad con sinceridad de anteriores tropiezos y aprended de ellos. Y admite tus errores. Una vez que reconocemos nuestras limitaciones, dejamos de castigarnos tanto por cada pequeño desliz que tenemos. Eso crea un entorno mucho más seguro en el que todos podemos aceptar nuestros defectos para que el grupo mejore.

Los desacuerdos no siempre crean desorden

Es relajante encontrarte en una sala con un grupo de personas que están de acuerdo contigo. El problema es que, si no discrepan, es probable que no estén analizando una decisión a fondo ni generando un debate enriquecedor. Lo que no será relajante es que el equipo tenga un rendimiento deficiente porque sus miembros temen plantear un punto de vista contrario. Esto se conoce comúnmente como pensamiento grupal y los equipos de esta clase rinden poco. Para obtener óptimos resultados, tendrás que sentirte cómodo hablando con personas que tengan otros puntos de vista.

Incluso con equipos de índole diversa, las investigaciones demuestran que las personas tienden a centrarse en lo que todas saben en común, por ejemplo, las preferencias de los clientes, proyectos anteriores y la manera de trabajar de la empresa. Pese al hecho de que tendemos a hablar de lo que sabemos en común, cada individuo aporta también sus propios conocimientos. Estos retazos de información aparentemente pequeños son los que a menudo resultan decisivos para la eficiencia de un equipo. Todos los componentes de un equipo pueden poner de su parte aportando a él sus experiencias, ideas y formación únicas.

Si observas que en el grupo hay demasiado consenso sobre las ideas que se proponen, designa a un miembro para que haga de abogado del diablo. Al aceptar el papel de forma expresa, se sentirá seguro rechazando las ideas de otros componentes y señalando perspectivas que habíais pasado por alto. Solo asegúrate de dar a todos la oportunidad de representar este papel. Aportará perspectivas nuevas, y no es agradable tener que ser siempre el escéptico.

Si os sigue costando generar ideas diferentes, no hagas una cosa a la que los equipos recurren con frecuencia: la lluvia de ideas. Las ideas generadas con este método a menudo son insuficientes porque las sesiones en las que se obtienen combinan la generación de ideas y su evaluación. Aunque se intenta crear un ambiente seguro y respetuoso en el que todos pueden proponer ideas, es muy común rechazar una idea antes siquiera de que haya podido desarrollarse. Después de unas cuantas rondas de ver cómo se despachan rápidamente las ideas de los demás, no es sorprendente que algunas personas decidan quedarse calladas. También es difícil no tomarnos los comentarios negativos sobre nuestras ideas como una crítica personal.

Propón sustituir la lluvia de ideas por la generación de ideas por escrito. Es un ejercicio inicialmente silencioso que puede dar los mismos frutos que la lluvia de ideas sin sus costes. La generación de ideas está separada de su evaluación. Es bastante fácil de poner en práctica. Pide a los componentes del equipo que escriban sus ideas en tarjetas sin decirlas en voz alta. Después de un período de generación de ideas (por lo general, unos quince minutos), un miembro del equipo se hace cargo de agrupar las tarjetas con ideas parecidas. A continuación, cada idea se propone a todo el equipo de forma anónima y se evalúa.

Sanea los conflictos personales

Si un equipo tiene demasiados conflictos debido a diferencias de carácter o actitudes ególatras, puede hacer mucho daño tanto al conjunto del equipo como a cada miembro que lo compone. Nadie quiere ser el blanco o ni tan siquiera espectador de muchas peleas y ataques personales. ¡Eso sí que es un ambiente sin alegría!

Mantente al margen de los dramas ajenos. Evita los chismorreos o hablar negativamente de los demás. Y no te engañes pensando que quejarte de alguien a otros compañeros de equipo forja un vínculo auténtico y duradero. Cualquier intimidad que surja, es falsa, efímera y perjudicial para tu integridad.

Acepta que, cuando alguien cuestiona una idea tuya, no significa que te tenga manía ni que lo haga de mala fe. Sé que cuesta. Por culpa de nuestro orgullo e inseguridades, podemos tomarnos los comentarios poco halagadores sobre nuestras ideas como un ataque personal, aunque no haya mala intención. Si el equipo ha trabajado de antemano para generar confianza, tiene cierta protección. La confianza transforma las discrepancias sobre ideas en conversaciones productivas, a la vez que nos permite sentirnos mejor cuando recibimos las críticas.

Si eres responsable de haber creado desorden, arréglalo resolviendo tus conflictos personales. A veces, hay que tomar el camino más noble para distender el ambiente. Sé lo difícil que puede ser dirigirte a alguien para decirle: «Me gustaría que fuéramos buenos compañeros y apoyáramos el trabajo que hace cada uno. Me doy cuenta de que no siempre he actuado de esa manera y lo siento». La mayoría de las veces, tu compañero corresponderá a tu gesto de buena voluntad. Si no lo hace, podría tener lo que los investigadores denominan una orientación egocéntrica (tendencia a estar muy centrado en sí mismo) que le impide ver tu gesto de buena voluntad. Vuelve a intentarlo, esta vez expresando con más claridad tus ganas de superar vuestras anteriores diferencias.

Los equipos grandes suelen estar muy desordenados

Los equipos grandes pueden desorganizarse mucho. Los estudios demuestran que los equipos grandes son menos satisfactorios que los pequeños. Con tantas personas presentes, probablemente se solaparán las aportaciones de sus componentes, lo que aumenta la probabilidad de que los equipos se vuelvan caóticos y desorganizados. Además, con demasiadas personas presentes, es difícil destacar y ver el impacto de nuestro trabajo.

Un equipo grande casi siempre es también más lento. Intentar llegar a un consenso en un equipo así lleva mucho tiempo y a veces ni tan siquiera es posible. El director general de Amazon.com, Jeff Bezos, se guía por la «regla de las dos pizzas»: ningún equipo debe ser tan grande que necesite más de dos pizzas para alimentarse. Las investigaciones respaldan la regla de oro de Bezos. Los estudios establecen que el tamaño óptimo de la mayoría de los equipos que intentan generar ideas, tomar decisiones o innovar es de cuatro a seis personas, mientras que los equipos de más de nueve miembros sobrepasan los límites de la eficiencia.

Aunque determinar el tamaño del grupo suele ser cometido del líder, conocer los inconvenientes de los equipos grandes puede ayudarnos a todos. Cuando estés en un equipo grande, propón dividiros en grupos de trabajo más reducidos. No te apresures en recomendar a otro miembro del equipo que no aporte una perspectiva única. Y cuando estés al mando, intenta formar equipos reducidos.

El secreto de KonMari para tener alegría en el equipo

Generar alegría en el trabajo es importante para el equipo de KonMari. Lo primero que hacemos es identificar qué tipo de cosas aportan alegría a cada miembro del equipo y después delegamos las tareas en consonancia con ello. A nuestra ayudante ejecutiva, Kay, por ejemplo, le encanta gestionar tareas en Excel y desempeñarlas metódicamente. También se le da muy bien ocuparse de pequeños detalles que hay que resolver de inmediato, así que ese es el tipo de cosas que siempre le pedimos que haga. Es la clase de persona que se carga de energía cuanto más trabaja.

Jocelyn, nuestra gestora de redes sociales, tiene mucho interés en influir en la sociedad, así que, en vez de centrarme en aumentar el número de seguidores, siempre hablo con ella de cómo nuestra labor hace del mundo un lugar mejor.

A Andrea le encanta hacer felices a los clientes, así que ella es la encargada de tratar con los nuestros. En nuestra reunión semanal de empresa, tiene ocasión de explicarnos qué ha hecho durante la semana para hacer felices a nuestros clientes, lo que nosotros llamamos el «momento guau». Eso siempre aumenta la motivación del equipo.

En lo que respecta a Takumi, mi marido, lo que le hace feliz es interactuar con los demás y crear un ambiente de trabajo que nos permita a todos aprovechar nuestros puntos fuertes. Actualmente se encarga de la gestión del equipo y también es mi productor. Este cometido se acopla tan bien a él que creo que debe de ser su vocación en la vida.

Si queremos disfrutar de nuestro trabajo y ser muy productivos, es importante saber cuál es nuestra pasión, comunicarla al resto del equipo y saber también qué les da alegría a ellos.

M. K.

Aunque los equipos pueden transmitir alegría a todos sus componentes, con demasiada frecuencia no lo hacen. Ten presente que el éxito de un equipo es responsabilidad de todos sus miembros —sea cual sea su puesto, antigüedad u ocupación— y un privilegio para disfrutarlo en el trabajo. Haz todo lo posible por ordenar tus equipos y no solo generarás alegría para ti, sino también para todos los demás componentes del grupo.

10

Compartir la magia del orden

Quizá te preguntes de qué sirve mantener ordenada tu mesa si hay un espacio común desordenado a la vuelta de la esquina. O tal vez no veas la utilidad de haber ordenado tu agenda si la cultura de la empresa permite sistemáticamente que otros te la vuelvan a llenar. Y tener la bandeja de entrada ordenada en una empresa plagada de adictos al correo electrónico puede suponer un reto incluso para la persona más resuelta a ordenar su espacio digital. Sin embargo, al organizar tu trabajo, te has hecho un regalo que va mucho más allá de una mesa, una agenda o una bandeja de entrada ordenadas. Has recuperado un cierto control sobre tu vida profesional. Vale, pero ¿y ahora qué?

¡Es hora de compartir la magia del orden con los demás!

Es fácil creer que apenas podemos cambiar nada cuando no estamos al mando. Las personas enseguida critican a los altos cargos de una empresa por contribuir a todos los problemas a los que se enfrentan en el trabajo, y en algunos casos el jefe tiene su parte de culpa. Pero, en vez de quedarte mirando, céntrate en lo que puedes hacer para mejorar las cosas.

Hay pequeños actos que pueden promover cambios sorprendentemente grandes en una organización. Nunca pienses que no eres lo bastante importante para mejorar las cosas. ¡Lo eres! Solo sé realista. Las culturas empresariales no cambian de la noche a la mañana. En vez de ello, difunde la alegría que genera ordenar, paso a paso.

Que tu orden motive a los demás

Mi despacho era un caos…, un caos total. Tenía demasiados libros, incluso para un profesor universitario. No tocaba la mayoría de ellos desde hacía años. Los montones de artículos de investigación eran tan altos que me impedían ver la puerta. Los cajones de mi mesa competían con un mal supermercado de barrio: tentempiés caducados y material de oficina de varios años, aún con el envoltorio. Incluso tenía una llave misteriosa: a día de hoy, sigo sin tener la menor idea de qué abría.

Estaba muy poco motivado para ordenar hasta que terminé de escribir mi primer libro, *Stretch*. Observé que muchas personas con las que hablaba me preguntaban cómo se relacionaba mi trabajo con el método KonMari. Sinceramente, al principio esas preguntas me sorprendieron. Tenía las pruebas que demostraban que sacar el máximo provecho de las capacidades que ya tenemos favorece la creatividad, optimiza el rendimiento laboral y, a la larga, nos mejora la vida. Sabía que Marie era una escritora y experta en organización muy valorada, pero ¿cómo podía un método que enseña a la gente a ordenar su casa relacionarse con aumentar el éxito y la satisfacción de las personas en el trabajo?

Cuando la revista *Well+Good* publicó su lista de los diez libros más fascinantes de 2017, incluyeron *Stretch* y lo describieron como «el siguiente nivel del método de Marie Kondo». Picado por la curiosidad, pero un poco escéptico aún, decidí probar con mi despacho y lo ordené. Experimenté personalmente la poderosa transformación de aplicar el método, al darme cuenta de que el proceso de autodescubrimiento es mucho más importante que el hecho de ordenar en sí. Un espacio ordenado llama la atención y despierta el interés de las personas por ordenar. Pero es aprender sobre nosotros mismos lo que nos acerca más a la vida que deseamos.

Cuando tuve el despacho ordenado, mis compañeros se quedaron estupefactos. «Caray, ¿qué ha pasado? —me preguntaron—. ¡Tu despacho está increíble!». Ellos también querían un espacio lleno de objetos que apreciaban. Compartir lo que había hecho con mi despacho fue solo el principio. Mi meta más ambiciosa era que mis compañeros ordenaran todas las facetas de su trabajo.

Aquí es donde tú puedes ayudar. Aunque no puedas obligar a nadie a ordenar, sí puedes motivar a las personas compartiendo con ellas todo lo que has logrado ordenando tú. Invita a tus compañeros a echar un vistazo a tu espacio de trabajo. Explícales cómo gestionas tu correo electrónico y tu agenda. Presume de móvil y de pantalla de ordenador. Cuéntales cómo has evitado quedarte atascado por tener que tomar demasiadas decisiones. Sigue forjando relaciones de calidad y tus compañeros se verán impulsados a hacer lo mismo con las suyas. Explícales cómo y por qué pides educadamente el orden del día de una reunión.

Y si puedes, ve incluso un paso más allá. Propón un día de organización a los altos cargos de la empresa para que todos los empleados puedan transformar su espacio de trabajo. En lo que respecta a las reuniones, sugiere que un día a la semana se cancelen todas salvo las verdaderamente imprescindibles e intenta acortar las que hay que seguir celebrando. Dedica el tiempo que te has ahorrado a trabajar en algo que te proporcione alegría. Recomienda que toda la empresa se coordine para no consultar el correo electrónico durante una hora todos los días; será un alivio muy necesario frente a las constantes interrupciones. Después, crea una comunidad solidaria de organizadores para conocer nuevas técnicas de organización y motivaos mutuamente a seguir adelante.

Cuida del lugar de trabajo

Si eres como la mayoría, es probable que hayas visto un papel caído en el suelo y hayas pasado de largo. ¿Cuándo fue la última vez que viste un plato sucio en la sala común de la oficina y lo dejaste ahí? ¿Has entrado alguna vez en una sala de reuniones y te has encontrado la pizarra sin borrar? Estos desórdenes son poca cosa por separado. Pero indican una falta de cuidado.

Con el tiempo, los pequeños desórdenes pueden hacerse grandes. En un estudio, los investigadores compararon un taller compartido ordenado con uno desordenado. Tras un breve período de tiempo, el desordenado se había desorganizado tres veces más que el ordenado. En cuanto se sobrepasa la barrera del desorden, es muy fácil seguir acumulando. Esto ocurre con cualquier categoría que ordenes en el trabajo, por ejemplo, invitar a demasiadas personas a una reunión o mandar una cantidad excesiva de correos electrónicos. Muy pronto, todo el mundo está contribuyendo al desorden.

Mi padre era propietario de un motel. Cuando yo era pequeño, le acompañaba al trabajo unos pocos días durante el verano. Mientras recorríamos los pasillos, él siempre recogía los desperdicios. Un día le pregunté por qué se molestaba en hacerlo cuando era el jefe y tenía muchos limpiadores. Él me respondió con calma: «Cuidar del espacio es trabajo de todos, desde los limpiadores hasta el jefe». La lección de que todo el mundo cuenta se me ha quedado grabada desde entonces.

No te presiones más de lo necesario para ser el protector de la empresa. Tú no eres el único responsable. En cambio, pregúntate: «¿Qué pequeñas cosas puedo hacer para demostrar que cuido de mi lugar de trabajo?». Podría ser tan sencillo como limpiar un plato en la cocina de vez en cuando. Si una reunión se está desorganizando —imagina muchas digresiones y actitudes ególatras—, ¿qué puedes decir para volver a encarrilarla? Si una cadena de correos electrónicos se ha descontrolado, ¿cómo puedes reorientarla?

Valora a tus compañeros de trabajo

Ordenando, has aprendido la importancia de cuidar de las cosas de tu vida. Eso es aún más cierto en lo que respecta a las personas con las que trabajas. Demasiado a menudo, no valoramos a nuestros compañeros (ni ellos a nosotros). El trabajo que desempeñan, los esfuerzos que hacen y su manera de contribuir al ambiente de la empresa tienen una importancia indiscutible en nuestro éxito y satisfacción personales. Es muy fácil olvidar que la persona a la que estás intentando hacer sombra o con la que estás discutiendo o peleándote por los recursos es una persona digna de respeto. Trátala de esa manera y lo más probable es que ella también te trate así. Los dos saldréis ganando.

¿Valoras a tus compañeros de trabajo? En una escala de (1) Nunca, (2) Casi nunca, (3) A veces, (4) Muy a menudo o (5) Siempre:

¿Con qué frecuencia das las gracias a los demás?
¿En qué medida reconoces las aportaciones
  importantes de los demás?

¿Hasta qué punto respetas que las personas sean ellas mismas, las animas a serlo y les dejas espacio para ello?

¿Con cuánta frecuencia concedes a los demás el beneficio de la duda?

¿En qué medida tratas a los demás con el respeto que merecen?

Suma tus puntuaciones y, si el total es inferior a 20, puedes hacerlo mejor: reconoce la presencia de los demás, escucha, habla con franqueza y trata a todas las personas con las que te relacionas con el respeto y reconocimiento que merecen. En lo que respecta a nuestra interacción con los demás, el poder, el estatus, el dinero, la fama y la fortuna no deberían influir en cómo los tratamos. Ayuda a crear un ambiente de respeto para todos poniendo en práctica una lección clave que has aprendido ordenando: estar agradecido.

No confundas la gratitud con los incentivos que ofrece tu organización. Cuando trabajaba en una empresa emergente de Silicon Valley, esta ofrecía desayunos y cenas gratuitas todos los días. Al principio, me pareció una manera estupenda de dar las gracias a los empleados por lo mucho que trabajábamos y estaba deseando saber qué habría de cenar todas las noches. Con el tiempo, me quedó claro que era una manera de alargarnos la jornada laboral. Yo a menudo me quedaba más tiempo trabajando, sabiendo que había una cena esperándome, lo que afectaba a mis noches e incluso me alteraba el sueño.

La gente a menudo me dice que no se siente valorada. Lo que estas personas quieren no es cenar gratis o regalitos de empresa, sino reconocimiento por su trabajo. Que las feliciten por un trabajo bien hecho. Que les reconozcan el tiempo que han renunciado a estar con su familia por esforzarse un poco más. Pon de tu parte dando sinceramente las gracias a las personas por sus aportaciones, seas el jefe o el componente más novel del grupo.

Una encuesta reciente realizada a dos mil estadounidenses revela que la mayoría de la gente cree que expresar gratitud a un compañero de trabajo hace que este se sienta más feliz y satisfecho. No obstante, esa misma encuesta revela que, en un día cualquiera, solo el 10 por ciento de los empleados expresan gratitud a alguien del trabajo. El resultado: muchos actos, grandes y pequeños, pasan desapercibidos y no se reconocen, pese a la alegría que genera expresar y recibir gratitud. Las investigaciones también concluyen que los empleados que reciben gratitud están más motivados en el trabajo y son más proclives a echar una mano a sus compañeros.

Expresar auténtica gratitud apenas lleva tiempo y cuesta muy poco. En una empresa de mil quinientos empleados que vende camisetas y otro género hecho por encargo, utilizan «GUAU» para agradecer cosas que hacen los empleados. Cualquiera puede mandar un GUAU a un compañero, tanto por logros que parecen pequeños (dar las gracias por esforzarse por ayudar a un cliente) como por grandes hitos (terminar un proyecto de envergadura). Lo más importante es que los «GUAU» son concretos. La especificidad transmite sinceridad y demuestra que se está prestando verdadera atención.

Si tu organización no tiene una manera oficial de favorecer las muestras de gratitud, hazlo por tu cuenta. Hay muchas aportaciones maravillosas que las personas hacen al trabajo, pero es fácil que las pases por alto si estás inmerso en la rutina diaria. Haz una pausa y mira alrededor. ¿Qué ves?

¿Cuándo fue la última vez que le agradeciste sinceramente a un compañero algo que hizo? Después de una reunión, da las gracias a los asistentes y especifícales por qué ha sido útil su aportación. Reconoce públicamente la labor de las personas que han participado en proyectos. Da la enhorabuena a alguien.

Explica a tus compañeros tu viaje organizativo y genera más alegría en el resto de la oficina. Enseña tus técnicas a quien quiera aprenderlas. Comparte cómo ordenar ha transformado tu trabajo y tu vida, y pronto habrá otras personas que estarán deseando transformar los suyos.

Antes de dar el libro por concluido, Marie te dará unos últimos consejos para generar incluso más alegría en el trabajo. También revelará pequeños cambios que ella ha hecho y que han tenido un gran impacto en su vida profesional.

11

Cómo generar incluso más alegría en el trabajo

En este libro, hemos tratado un amplio abanico de temas que incluyen cómo ordenar tu despacho, datos digitales, tiempo, decisiones, redes de contactos, reuniones y equipos. En este último capítulo, comparto puntos que tengo en cuenta y ciertas cosas que hago para que mi trabajo me dé incluso más alegría, así como cosas que he aprendido de otras personas que me gustaría incorporar a mi trabajo.

Cuidar de lo que conservamos mejora nuestro rendimiento laboral

Cuando aún trabajaba en la empresa de selección de personal, lo primero que hacía al llegar a la oficina era limpiar mi espacio de trabajo. Dejaba el bolso, cogía uno de mis trapos preferidos de un cajón y lo pasaba por la mesa. A continuación, sacaba el ordenador portátil, el teclado y el ratón y hacía lo mismo, concentrada, todo el tiempo, en repetir esta breve frase: «¡Que hoy sea otro estupendo día de trabajo!». También pasaba el trapo al teléfono y le daba las gracias por brindarme siempre maravillosas oportunidades.

Los lunes eran los días de limpieza a fondo. Me ponía a cuatro patas, pasaba el trapo por las patas de la silla y después me metía debajo de la mesa y limpiaba los cables. Escrito así, parece mucho trabajo, pero me llevaba menos de un minuto en total. No obstante, hacía que mi mesa se viera tan limpia y ordenada que parecía otra cosa. Relajaba el ambiente y me hacía más fácil ponerme a trabajar. Mientras mis manos estaban ocupadas en limpiar, podía vaciar la mente y convertir esa parte de mi jornada laboral en una breve meditación, un ritual que me permitía cambiar el chip para concentrarme en el trabajo.

Mientras continuaba con estas prácticas diarias, mi rendimiento laboral fue mejorando, lo que redundó en más contratos y un mayor volumen de ventas. Aunque pueda parecer demasiado bonito para ser verdad, lo cierto es que, en las reuniones trimestrales, me reconocieron más veces por haber rendido más en el trabajo. Y no solo me ocurrió a mí. He visto incontables ejemplos de cómo cuidar de las cosas que empleamos nos ayuda a mejorar en el trabajo. Muchos clientes han referido que, después de adoptar esta práctica de limpiar su espacio de trabajo al principio del día, observaron que sus anteproyectos se aceptaban con más facilidad y su volumen de ventas aumentaba.

Estuve un tiempo reflexionando acerca de por qué ocurre esto y al final llegué a las siguientes conclusiones. Para empezar, si vamos a pasar el trapo por nuestra mesa todas las mañanas, necesita estar ya limpia y ordenada. Una mesa ordenada significa que ya no tenemos que buscar un documento ni pensar en dónde dejarlo cuando terminemos. Esto mejora nuestra eficiencia en el trabajo. Además, trabajar en un entorno ordenado es agradable, propicia una actitud más positiva y permite que las ideas y la inspiración fluyan. Pero, sobre todo, creo que, cuando cuidamos de las cosas que hacen posible nuestro trabajo, transmitimos unas vibraciones distintas. Nuestra actitud y comportamiento hacia nuestros clientes y compañeros cambian y los resultados de nuestro trabajo mejoran como consecuencia natural.

Cuando cuidamos de las cosas que decidimos conservar, ellas nos devuelven energía positiva. Muchos años de experiencia me han convencido de que cualquier lugar en el que las cosas se tratan con respeto y gratitud, ya sea una casa o una oficina, se convierte en un punto energético relajante y vigorizante.

Para transformar un espacio de trabajo en un punto energético que genere energía positiva constante, primero debemos mantenerlo limpio. Personalmente, me gusta utilizar un trapo del polvo especial o toallitas limpiadoras perfumadas porque ayudan a hacer de la limpieza una costumbre placentera. Mientras limpias, acuérdate de mostrarte agradecido con las cosas que utilizas a todas horas y da las gracias a cada objeto por ayudarte a hacer tu trabajo cuando lo devuelves a su sitio.

Lo ideal es mantener un estado de gratitud a lo largo de todo el día, empezando, nada más llegar a la oficina, por dar las gracias a todo lo que hace que tu trabajo vaya sobre ruedas. Sin embargo, si esto no te surge de forma natural, viene bien adquirir práctica dando las gracias siempre que te acuerdes. Una de mis clientas tuvo una idea genial. Escribió «¡Gracias siempre!» en un bonito trozo de cinta adhesiva y lo pegó en el borde de su pantalla de ordenador para recordarse que debía estar agradecida a las herramientas que le ayudaban a hacer su trabajo.

Créeme, el efecto de apreciar tus cosas de esta manera es ilimitado. ¿Por qué no transformar también tu espacio de trabajo en un punto energético?

Generar más alegría en tu espacio de trabajo

«No lo veas como ordenar. Convéncete de que es diseño de interiores». Es lo que la madre de mi amiga le dijo una vez cuando ella se resistía a la idea de ponerse a organizar. Qué gran manera de describirlo. Cuando nos decimos que «tenemos que» hacer algo, nos parece una obligación. Pero cuando entendemos ordenar como una actividad creativa que generará alegría en nuestro espacio de trabajo, estamos encantados de hacerlo.

Así pues, cuando organices tu espacio de trabajo, no lo veas como «ordenar». Convéncete de que estás creando un lugar para trabajar con alegría. Al fin y al cabo, es como decorar, sobre todo cuando has acabado de ordenar y eliges tus detalles preferidos. Durante el proceso, ten presente tu vida profesional ideal y considera qué puedes hacer para que este espacio te alegre el corazón.

Tomemos, por ejemplo, el caso de los bolígrafos. Muchos de mis clientes no se dan cuenta de que no han utilizado nada aparte de bolígrafos promocionales hasta que se ponen a ordenar. Esta es tu oportunidad de empezar a elegir bolígrafos que te proporcionen alegría. Y no solo bolígrafos. Cuando elijas los objetos que necesitas para el trabajo diario, como el portalápices, las tijeras o la cinta adhesiva, asegúrate de que son los que más te gustan. Aunque pueda parecer que lo más indicado es cambiarlo todo de inmediato por objetos más atractivos, lo mejor es tomarte tu tiempo. En vez de correr a comprar un montón de cosas nuevas que son meramente satisfactorias, te animo a que sigas buscando hasta que encuentres cosas que te aporten verdadera alegría con solo mirarlas o tocarlas.

Además, asegúrate de elegir unas cuantas cosas que te den alegría aunque no las necesites para tu trabajo. Yo denomino esta práctica «plus de alegría». Puedes escoger cualquier cosa que te levante el ánimo, como una fotografía, una postal o una planta que te guste especialmente. En lo que a mí respecta, tengo un cristal en mi mesa. No solo reluce, lo cual es hermoso, sino que mi impresión es que también limpia el ambiente, lo que hace que me cueste menos inspirarme.

Quizá el ejemplo más insólito de «plus de alegría» con el que me he encontrado desde que ejerzo como consultora es un cepillo de dientes. Pertenecía al presidente de una empresa que lo tenía en su mesa a la vista de todos. He visto muchas cosas como consultora de organización, pero esa me pareció tan extraña que tuve que preguntarle el motivo. «Aunque esté sentado a mi mesa, nadie viene a hablar si me ve cepillándome los dientes —explicó—. Y eso es muy práctico cuando quiero concentrarme porque nadie me interrumpirá». El mero hecho de ver el cepillo de dientes en su mesa le daba alegría y sensación de seguridad.

Por supuesto, este ejemplo no es lo normal. Se trataba de una empresa muy pequeña con solo dos empleados y el baño estaba justo detrás de la mesa del presidente. La idea es decorar tu mesa con lo que te dé alegría a ti, sea lo que sea.

Hablando de decorar mesas, desde que empecé a trabajar en Estados Unidos, he observado que los norteamericanos tienden a poner más pluses de alegría en el lugar de trabajo que los japoneses. En Japón, los empleados son reacios a tener objetos personales a la vista, mientras que es bastante común que los estadounidenses tengan en su mesa objetos como fotografías de boda o una planta. En algunos despachos, incluso he visto maquetas de aviones y grandes globos de helio. Aunque al principio me sorprendió, me ayudó a darme cuenta de la importancia de dar también un toque divertido.

De todas las oficinas que he visto en Estados Unidos, la de Airbnb en San Francisco es la que gana en cuanto a toques divertidos. La oficina fomenta la creatividad de sus empleados y valora la consulta abierta. Hay muchas salas pequeñas a disposición de los empleados para que trabajen solos o celebren reuniones reducidas. La decoración de cada sala está inspirada en un lugar distinto del mundo, como París, Sídney o Londres. Me quedé muy impresionada con la autenticidad y atención al detalle de la sala sobre Japón. Reproducía a la perfección el ambiente de un *izakaya* o pub de la década de 1950, con farolillos rojos de papel, una cortina *noren* en la entrada y chucherías retro. Por supuesto, el edificio entero estaba diseñado para transmitir alegría, no solo las salas, pero, aunque el de tu empresa no sea así, aún hay cosas que puedes hacer para generar alegría en tu área de trabajo. A continuación te doy solo unos pocos ejemplos.

- Elige un color para combinar los objetos de tu mesa.
- Escoge una película o novela preferida como tema para decorar tu espacio de trabajo.
- Busca fotografías en internet para decorar tu mesa.

- Coloca una macetita con una planta en tu mesa.
- Ten una fotografía que te traiga buenos recuerdos.
- Pon algo que brille, como un cristal o un pisapapeles de vidrio.
- Ten un pequeño objeto aromático en tu mesa que perfume solo tu espacio de trabajo.
- Pon una vela bonita en tu mesa como adorno.
- Elige un posavasos especial para tu bebida.
- Cambia el fondo de pantalla de tu ordenador para que refleje cada estación.

¿Y tú? ¿Qué ideas se te ocurren para generar alegría en tu espacio de trabajo? Da rienda suelta a tu imaginación y pon en él muchos pluses de alegría.

¿Deberías cambiar de trabajo si no te da alegría?

Como es natural, ordenar aguza nuestra capacidad de discernir entre lo que nos aporta alegría y lo que no, y aprendemos a aplicar esa sensibilidad a cosas de todo tipo. Conozco muchas personas que cambiaron de trabajo o dejaron el que tenían para poner en marcha su propio negocio una vez que terminaron de ordenar su espacio de trabajo.

Cuando oyen esto, mis clientes a menudo dicen: «Mi trabajo actual no me transmite alegría. ¿Debería irme ahora mismo y buscarme otro?». Un ejemplo es Yu, que trabajaba para un fabricante de alimentos. Después de ordenar su casa y espacio de trabajo, descubrió que lo que le daba verdadera alegría era diseñar complementos.

«Tengo un buen sueldo en la empresa —me dijo—, pero siempre llego a casa agotada. Simplemente, no me lo paso bien. ¿Sería mejor hacerme diseñadora de complementos y abrir mi propio negocio? ¿O quizá debería buscar trabajo en una empresa que haga complementos y artesanía?».

Cuando los clientes me hacen este tipo de consultas, mi primera reacción es animarlos a escoger el camino que les proporcione alegría. No obstante, Yu no lo tenía claro. «Los diseñadores de complementos no pueden vivir de su trabajo —dijo—. Y no he visto ninguna empresa que realmente me atraiga».

Mi siguiente propuesta fue que realizara un análisis de alegría. La animé a examinar los diversos aspectos de su trabajo y decidir cuáles le generaban alegría y cuáles no. También le pedí que identificara si esos aspectos eran cosas sobre las que tenía o no control.

Cuando volvimos a vernos varios meses después, me sorprendió lo cambiada que estaba. Parecía mucho más alegre y relajada. Me dijo que, después de evaluar su trabajo, había decidido quedarse. «Cuando examiné lo que no me daba alegría —explicó—, descubrí que gran parte de ello era tener que desplazarme en horas punta. Era agotador. Así que empecé a llegar una hora antes. Eso redujo drásticamente mi cansancio por las mañanas y pude trabajar con mucha más eficacia.

»Otro factor era un cliente con el que no me llevaba nada bien. Me armé de valor, consulté a mi jefe y pusieron a otra persona en mi lugar. Cambiando las cosas que se podían modificar, pude eliminar muchas de las que me impedían disfrutar de mi trabajo. Ahora me gusta mucho lo que hago. Por supuesto, no todo me da alegría, pero me di cuenta de que, en mi caso, el mejor equilibrio entre vida y trabajo es tener un buen sueldo mientras cultivo mi pasión por el diseño de complementos en mi tiempo libre».

Si, como Yu, te estás preguntando si deberías cambiar de trabajo, te animo a analizar primero tu situación actual. Cuando nos topamos con dificultades en el trabajo, sea en nuestras relaciones con compañeros o clientes o en las responsabilidades de nuestro puesto, esos problemas a menudo se deben a una combinación de factores. Tenemos que examinarlos y resolverlos uno a uno. ¿Qué te da alegría en el trabajo ahora mismo y qué no? ¿Qué se puede cambiar y qué no? Analiza con objetividad tu situación y tu manera de enfocarla y considera qué necesitas hacer para tener un estilo de trabajo que te aporte alegría. Quizá aún haya cosas que puedas hacer para mejorar tu situación.

Decidas quedarte en tu trabajo actual, cambiarte a otro o marcharte para montar tu propio negocio, evaluar y aceptar tu situación actual es una preparación excelente para tu siguiente paso. Esto es algo que me ha enseñado la experiencia de ordenar. Dar un nuevo paso siempre conlleva desprenderse de algo y decir adiós. Por eso es tan importante prepararte mentalmente primero. Quizá sea por el estrés que conlleva, pero, paradójicamente, cuando tratamos con desprecio las cosas que no nos dan alegría, cuando las tiramos pensando solo que no las queremos o necesitamos y las llamamos basura inservible, tenemos más probabilidades de acabar atrayendo la misma clase de cosas y afrontando problemas similares.

Así pues, cuando decidas no conservar alguna cosa, piensa en el bien que te ha hecho y despréndete de ella con gratitud por la relación que habéis tenido. La energía positiva que diriges a ese objeto atraerá nuevos encuentros llenos de alegría. Y el mismo principio sirve cuando nos planteamos cambiar de trabajo. Piensa en tu trabajo de forma positiva, con gratitud, reconociendo que, aunque pueda haber sido duro, te ha enseñado cosas como la importancia de guardar cierta distancia en tus relaciones, o que gracias a esta experiencia has podido encontrar el estilo de trabajo que es mejor para ti. Esta clase de actitud te guiará hacia el trabajo que sea perfecto para la siguiente etapa de tu vida.

Disfruta el proceso de crear una vida profesional alegre

De todas las personas que conozco, la que más parece disfrutar de su trabajo es el famoso calígrafo y artista japonés Souun Takeda, quien también ha escrito la caligrafía empleada en el diseño de la cubierta de este libro. Hasta que lo conocí, mi imagen de un calígrafo era la de alguien muy serio que manejaba un pincel con mucha solemnidad y tenía la frente surcada de arrugas. No obstante, Souun es todo lo contrario. Ama su trabajo de todo corazón.

«No tengo la impresión de que crear obras nuevas sea tan doloroso como un parto —dice—. Es más bien como eructar. No sé por qué, pero parecen salirme sin más». Qué enfoque tan singular y alegre. A sus cuarenta y dos años, es un artista prolífico y muy solicitado, pero su éxito no se produjo de forma automática. Souun empezó a los tres años, aprendiendo de su madre, una calígrafa profesional.

LA FELICIDAD EN EL TRABAJO

Su primer trabajo después de graduarse fue en el departamento de ventas de una importante empresa informática. Cuando lo dejó y se estableció como calígrafo independiente, le costó encontrar clientes. Así que, si bien su trabajo le proporciona ahora muchísima alegría, llegar hasta ahí le costó tiempo y esfuerzo.

Lo mismo me ocurrió a mí. En mi caso, ordenar es tan natural como respirar. Y me divierte mucho. Sin embargo, no todo ha sido coser y cantar. Mi pasión por ordenar empezó a los cinco años, pero pasé muchos años probando y cometiendo errores antes de desarrollar mi método y llegar donde estoy en la actualidad. Ahora comparto mi método con personas de todo el mundo a través de charlas, libros, la televisión y otros medios de comunicación. Esta parte de mi trabajo no siempre es divertida y aún me tropiezo con muchas dificultades. No obstante, si lo pienso, hace menos de diez años que empecé a divulgar mi método de manera más generalizada, así que es lógico que no se me dé tan bien como ordenar. Pero voy aprendiendo y evolucionando sobre la marcha.

Cuando dejé la empresa de selección y me establecí por mi cuenta, por ejemplo, solo cuatro personas se apuntaron a mi primer seminario y dos de ellas se echaron atrás en el último momento. En la espaciosa sala casi vacía, me esforcé por expresarme de manera clara y comprensible, penosamente consciente de mi inexperiencia. Me sentía tan abatida y me compadecía tanto de los pobres participantes que estaba deseando correr a esconderme.

Esta experiencia me enseñó que no sabía venderme. Empecé a leer todos los libros que pude encontrar sobre relaciones públicas y gestión comercial, me apunté a seminarios, hice contactos asistiendo a encuentros matinales para empresarios y abrí un blog para darme a conocer. En vez de intentar atraer a un gran número de personas, empecé poco a poco, celebrando seminarios en centros sociales para grupos de hasta diez personas en salas con esterillas de tatami donde nos sentábamos en el suelo al estilo japonés.

Más adelante, abrí mi propio estand en eventos relacionados con el bienestar. Para asegurarme de llamar la atención, llevaba un kimono de algodón llamado *yukata* y un gran abanico en la faja donde ponía: «¡Déjame resolver tus problemas de organización!». Me paseaba por el recinto vestida así para anunciar mis servicios.

Perseverando en esa clase de estrategias, poco a poco llegué al punto en el que pude celebrar seminarios mensuales para treinta personas que estaban al completo. Mi número de clientes individuales también empezó a aumentar. Cuando mi lista de espera llegó a ser de seis meses, la gente empezó a pedirme que escribiera un libro sobre mi método de organización y eso me llevó a publicar mi primer libro.

Por supuesto, después de su publicación, e incluso ahora que hablo a públicos de varios miles de personas, sigo tropezándome con nuevas dificultades. Pero, con cada año que pasa, me doy cuenta de que, cuanta más experiencia tengo, mayor es la alegría que me genera el trabajo.

Trabajar consiste en acumular experiencias. Trabajando, evolucionamos. Nada es siempre excitante desde el primer momento. Aunque algo no te vaya bien o no termine de convencerte en este momento, si te está encaminando hacia un futuro que genera alegría, considéralo un problema de desarrollo. Si tu vida profesional no te da ninguna alegría, no supongas que has fracasado. En cambio, reconoce el potencial de este momento para acercarte más a tu ideal, disfruta el proceso y celebra el hecho de que aún estés evolucionando. Ten confianza en que estás creando una vida profesional alegre ahora mismo mediante el proceso diario de adquirir experiencia.

Cuando el miedo a las opiniones de los demás te frena

Ordenar puede ayudarte a tener una idea clara del camino que te da alegría. Te permite ver lo que te llega al corazón, lo que siempre has querido hacer y los desafíos que quieres acometer. Pero, a la hora de echar a andar por ese camino, además de entusiasmo, puedes sentir una cierta inquietud. Muchas personas descubren algo que quieren probar, pero se frenan porque les preocupa lo que la gente pueda pensar.

Lo sé por experiencia. Mi misión en la vida es que cada vez más personas lleven una vida que les da alegría a través del proceso de ordenar. Por esa razón, escribo libros, doy charlas y aparezco en los medios de comunicación. Hace unos años, cuando revisé mi misión, sentí que era hora de empezar a compartir mis ideas en las redes sociales para llegar a más personas. Pero la mera idea de hacerlo me aterraba. Me preocupaba que, si exponía mis ideas y estilo de vida en un foro tan abierto, pudiera convertirme en blanco de críticas negativas u odios. Durante mucho tiempo, ni tan siquiera fui capaz de abrir una cuenta de redes sociales.

Al final, pedí consejo a Jinnosuke Kokoroya, un psicoterapeuta muy conocido en Japón. Resulta que también es un viejo amigo y que a nuestras familias les gusta pasar tiempo juntas. «Me encantaría empezar a utilizar las redes sociales para divulgar mi mensaje —le dije—, pero no me animo a hacerlo. Me da miedo que la gente me odie y empiece a atacarme».

Jinnosuke sonrió y dijo: «No te preocupes, Marie. Hay muchas personas que ya te odian». Eso, por cierto, es lo que les dice a todos sus clientes cuando estos tienen miedo de que les odien. Es su manera de verlo.

«Apuesto a que tiene razón», pensé. Con miedo, busqué mi nombre en internet. Después de mi sitio web oficial y mi blog, el artículo con más visualizaciones era «Por qué odiamos a Marie Kondo». Me quedé atónita, pero, gracias a eso, mi forma de pensar dio un giro de 180 grados. El miedo a las opiniones de los demás me había impedido utilizar las redes sociales, pero en ese momento me di cuenta de que era inútil preocuparme. Tanto si utilizaba las redes sociales como si no, la gente ya me criticaba.

Hice una pausa y me pregunté: «¿De verdad me da alegría rechazar el camino que más me atrae porque me da miedo que me critiquen?». La respuesta fue un «¡No!» rotundo. Mi voz interior gritó: «Quiero compartir alegría a través del método KonMari con todas las personas posibles». De inmediato, abrí instagram@mariekondo y otras cuentas de redes sociales. Al final, no hubo tantas críticas como esperaba y el número de personas que apoyaban mi decisión de aventurarme en las redes sociales no hizo sino aumentar. La información y las noticias positivas que publicaba empezaron a ocupar los primeros puestos en las búsquedas por internet. Aunque en esa época estaba preocupada, ahora estoy muy contenta de haber tenido el valor de dar ese primer paso.

En el mundo hay muchas clases de personas, perspectivas y sistemas de valores, así que no podemos esperar que todos nos aprecien o entiendan. Es natural que algunas personas nos critiquen. Hagamos lo que hagamos, y por muy amables que seamos, seguro que habrá alguien que nos malinterprete. Sería una lástima elegir un estilo de vida que no nos da alegría solo por miedo a que nos critiquen.

Solo tienes una oportunidad en la vida. ¿Qué elegirás? ¿Vivir con miedo a lo que puedan pensar los demás? ¿O hacer caso a tu corazón?

Deja ir el pasado para disfrutar el futuro

Con demasiada frecuencia, tenemos la mente inundada de nuestros mayores temores, preocupaciones, anteriores fracasos y críticas que nos hacen los demás. Aunque la mayoría experimentamos más acontecimientos positivos que negativos, recordamos los malos y su impacto en nuestra salud mental es enorme. Cuando somos demasiado críticos con nosotros mismos, perdemos la confianza. Obsesionarnos con fracasos reales o imaginados nos predispone a fracasar en el futuro porque estamos demasiado distraídos pensando en nuestros «defectos». También nos hace más difícil esforzarnos por alcanzar nuestro ideal de vida profesional o, de hecho, cualquier objetivo, porque estamos obsesionados con los errores del pasado y preocupados por cometer más en el futuro. Deja de malgastar energía mental cavilando sobre el pasado, comparando lo que tienes o haces con los demás, o dando vueltas a un error que ocurrió la semana pasada. Para desechar un pensamiento negativo, escríbelo en una hoja de papel. Respeta su mensaje pensando en él. Saca una lección clave de él. Pregunta cómo puede contribuir a tu desarrollo siendo una oportunidad para aprender. Luego, deshazte del papel (tritúralo, quémalo, entiérralo) y el pensamiento desaparecerá con él. Has aprendido del mal pensamiento: quédate con la lección, pero deshazte de la autocrítica.

S. S.

Saca tiempo para una introspección sincera

De todas las personas que conozco, mi marido, Takumi Kawahara, es el primero que me viene a la mente cuando pienso en una persona organizada en el trabajo. También resulta ser el cofundador y director general de KonMari Media, Inc., así como mi productor.

Cuando digo que es «organizado en el trabajo», me refiero a que siempre tiene claro lo que hay que hacer, desempeña sus tareas con eficiencia y trabaja sin estrés y con alegría. Por el contrario, cuando las personas no son organizadas en el trabajo, están inundadas de tareas que hay que hacer y experimentan mucho estrés mientras trabajan.

Takumi reserva un bloque de tiempo para el trabajo de oficina y se concentra en él hasta que lo termina. También aborda de inmediato todas las tareas que se le presentan para que la pelota vuelva a estar en el tejado de la otra persona. Va al gimnasio dos veces a la semana para mantenerse en forma. Está al día de los libros y películas más recientes, juega con nuestras hijas, hace las tareas domésticas y aun así encuentra tiempo para relajarse. Yo soy todo lo contrario. Cuando escribo un libro, a menudo me descubro agotada y agobiada por los plazos de entrega.

Así pues, ¿cómo consigue él hacer su trabajo como es debido y en plazo y sin embargo aún dispone de mucho tiempo para estar tumbado en casa como un oso de peluche grandote y tierno, mirando el móvil? Su manera de trabajar es un ejemplo tan envidiable de «alegría en el trabajo» que decidí preguntarle por su secreto. Él se limitó a responderme esto: «Me aseguro de sacar tiempo para hacer una introspección sincera».

Cada dos semanas, reserva una hora más o menos para reflexionar sobre por qué trabaja, qué espera lograr con su trabajo y cuál es su vida profesional ideal. Basándose en eso, da prioridad a todas las tareas que tiene en curso y después dedica diez minutos todas las mañanas a decidir de cuáles se ocupará ese día antes de ponerse a trabajar. (¡Estoy segura de que no soy la única sorprendida de la frecuencia con la que hace esto y de la cantidad de tiempo que le dedica!).

Esta clase de planificación solo es parte de su sistema. También dice que es fundamental reflexionar sobre sus actuaciones para poder corregirse y mejorar. Aplica la regla del 80/20 todos los días: la idea de que el 80 por ciento de lo que nos ocurre en el trabajo y en la vida deriva de solo el 20 por ciento de nuestros esfuerzos. Evalúa sus tareas, elimina las que son innecesarias e improductivas y, en cambio, se centra en las que son productivas. Por ejemplo, si le parece que estamos teniendo demasiadas reuniones sobre la vida profesional ideal, reduce el número de cuatro a dos mensuales o las acorta de sesenta a cincuenta minutos, para poder dedicar ese tiempo y energía al trabajo más productivo.

No solo prioriza las tareas, sino también con quién pasa el tiempo. Su primera prioridad es asegurarse de que tiene tiempo para la introspección. Su siguiente prioridad es el tiempo que pasa con su familia, lo que nos incluye a nuestras hijas y a mí, a nuestros empleados, socios y clientes. Dice que tener una buena relación con las personas a las que está más unido redunda en una mejor actitud, una comunicación más clara (lo que reduce los problemas causados por malentendidos) y un aumento de la productividad. A la larga, todos estos aspectos tienen como consecuencia la prestación de mejores servicios a nuestros clientes.

Me sorprendió saber que desarrolló este enfoque mientras aún trabajaba en otra empresa, y no después de convertirse en uno de los directivos de la nuestra. Estoy segura de que ha sido capaz de generar alegría en el trabajo porque ha tomado por costumbre sacar tiempo para la introspección, evaluar su situación actual y realizar mejoras.

Maneras en las que ordenamos el trabajo en pareja

Influida por Takumi y la clase de persona que es, ahora saco tiempo para reflexionar con él cada vez que veo que las tareas se me acumulan y mi volumen de trabajo aumenta, o cada vez que siento que mi productividad está decayendo. En pareja, ordenamos nuestro trabajo dando los siguientes tres pasos.

Paso 1: ver la realidad.

Cogemos un cuaderno de dibujo grande, lo giramos hacia un lado y trazamos una línea horizontal en la parte superior de la página. Dividimos esa línea en doce secciones iguales con los nombres de los meses y anotamos todo lo que tenemos programado en nuestro calendario anual. Por ejemplo, «Marzo: charla en Nueva York», «Mayo: grabar para programa de televisión», «Agosto: publicación del libro». Debajo, anotamos ideas de proyectos que nos gustaría realizar pero aún no hemos programado. Esto nos da una idea general clara de los proyectos tanto en curso como próximos que tenemos en ese momento.

Paso 2: priorizar proyectos y decidir los plazos.

El siguiente paso es decidir el orden de importancia de cada proyecto. Para ello, nos hacemos preguntas como: «¿Nos da alegría?», «¿Nos la dará en el futuro?», «¿Es algo que tenemos que hacer, nos dé o no alegría?». Cuando decidimos si nos proporcionará alegría en el futuro, lo que pensamos es si nos ayudará a alcanzar nuestro objetivo y hacer realidad la filosofía de nuestra empresa, que en nuestro caso es «organizar el mundo».

Una vez que hemos priorizado nuestros proyectos, pensamos en cuánto tiempo dedicaremos a cada uno y lo anotamos en nuestro calendario. Básicamente, nuestra táctica consiste en dedicar la mayor parte de nuestra energía a trabajos que nos transmiten alegría ahora y en el futuro y dedicar solo el mínimo tiempo necesario a los que tenemos que hacer sea como sea.

Cuando hemos anotado todos los proyectos en el cuaderno, repasamos el calendario. Si nos damos cuenta de que hemos asignado demasiado tiempo a labores relacionadas con publicar o de que tenemos que adoptar alguna medida para darnos a conocer más, modificamos el tiempo dedicado a cada proyecto y tarea en consonancia.

Paso 3: fragmentar los proyectos en tareas.

Los dos pasos anteriores nos dan una idea general, lo que incluye el orden de prioridad de cada proyecto y cuánto tiempo aproximado requerirá cada uno. Nuestro tercer paso es fragmentar cada proyecto en tareas más detalladas y anotarlas en nuestro calendario de Google o agenda. Cuando terminamos, echamos una última ojeada a nuestro calendario. Si decidimos que una de las tareas que consta en él tiene poca prioridad, lo modificamos eliminándola o pasándola a otra fecha. De esta manera, creamos un calendario que solo incluye las tareas que son más importantes y gratificantes.

Nuestra estrategia básica para ordenar el trabajo puede aplicarse a un período de tres años en vez de solo a uno, o puede utilizarse para examinar un único proyecto con mayor detalle. Una vez que empecé a ordenar mi trabajo de esta manera, comencé a darme cuenta de lo importantes que son las tareas cotidianas. Eso contribuyó a aumentar mi motivación y mejorar mi concentración. Ordenar el trabajo con Takumi me enseñó que mi alegría y motivación aumentan de manera espectacular cuando abordo cada tarea, por pequeña que sea, valorando su importancia.

Tu trabajo y tu vida son la suma de tus decisiones

Poco después de empezar a trabajar en el ámbito internacional, comencé a estar tan ocupada que apenas tenía tiempo para pensar. Mi marido también es mi representante y me parecía que no hacía sino quejarme ante él. Si yo tenía un buen día, me lamentaba: «¡Tengo la agenda tan apretada que no me da tiempo a descansar! Y si no descanso, ¿cómo voy a hacer un buen trabajo?». Pero, en uno malo, cuando mi nivel de estrés estaba al máximo, decía cosas que me da vergüenza hasta escribir. «Mis empleados y mis clientes, ¡todos parecen felices menos yo! —me lamentaba—. Aquí estoy, diciéndoles a todos lo importante que es la alegría, cuando yo no la siento».

Siempre que me ponía así, Takumi contestaba: «Marie, si de verdad no quieres hacer esto, puedes dejarlo en cualquier momento. Si quieres cancelar la charla, llamaré al organizador y me disculparé. Si no te gusta trabajar en una organización, podemos cerrar la empresa». Su tono era calmado y totalmente neutro, sin el menor rastro de sarcasmo o decepción, y nunca intentaba presionarme.

Sus palabras siempre me hacían entrar en razón. La charla, recordaba entonces, era un compromiso que había aceptado con ilusión porque me parecía una buena oportunidad. Abrir una empresa en Estados Unidos era decisión mía, lo que de verdad quería hacer. Todas esas cosas eran pasos en el camino que había elegido porque mi deseo es difundir el método KonMari y compartir la alegría que puede generar en nuestras vidas.

Durante las clases de organización, cuando mis clientes no se deciden a desechar un determinado objeto, siempre les aconsejo que lo conserven con confianza. Si es un bolso que no les proporciona alegría pero fue tan caro que no pueden desprenderse de él, les animo a no esconderlo en el fondo del armario y, en cambio, colocarlo con los bolsos que sí les generan alegría. En vez de bombardearlo con pensamientos negativos cada vez que lo ven, les propongo que lo miren con afecto y le den las gracias por existir.

Cuando decidimos conservar algo con esta actitud, nuestra decisión conducirá de forma natural a uno de dos resultados: o bien descubriremos que el objeto que hemos conservado ha cumplido su función y ya estamos listos para deshacernos de él, o bien nuestro cariño por él aumentará y lo elevará a la categoría de algo que nos transmite verdadera alegría. Esto no solo es válido para la organización del espacio físico, sino para todas las decisiones que tomamos. Conservar cosas de forma consciente, diciéndonos que hemos decidido quedárnoslas de forma deliberada porque ese es nuestro deseo, nos permite desprendernos de ellas con gratitud o conservarlas y valorarlas.

Nuestro trabajo y nuestra vida son el resultado de todo lo que hemos elegido hasta este momento. Lo que sea que pase, es consecuencia de nuestras decisiones. Si alguna de tus ocupaciones no te da alegría, recuerda que adonde estás ahora te trajo el camino que elegiste en otro momento de tu vida. Sabiendo eso, pregúntate qué quieres hacer a partir de ahora. Si decides dejar algo, hazlo con gratitud.

Si decides continuar, hazlo con convicción. Sea cual sea tu decisión, si la tomas de forma deliberada y con confianza, seguro que te hará la vida más feliz.

Te mereces un trabajo que te dé alegría

Saber qué te da alegría en el trabajo te proporciona una guía para ir acercando tu trabajo a tu ideal de vida profesional. Disfruta de tu espacio de trabajo más ordenado. Invierte el tiempo y la energía mental que te has ahorrado organizándote en tareas que te transmitan más alegría. Embárcate en más proyectos alegres ofreciéndote para actividades fuera de tu ámbito de responsabilidad que te proporcionen alegría. Haz hincapié en las actividades que te generen alegría y cultívalas (aunque tengas que conservar otras que no te la den). Prueba a pasar más tiempo con compañeros que te generen alegría y haz todo lo posible para evitar a los que no.

Si, pese a estos intentos, sigues sin tener alegría en el trabajo, quizá necesites un cambio más importante. Si tu empleo te da alegría pero tu organización no, plantéate trabajar en otro sitio. Si tus compañeros te dan alegría pero tu puesto no, considera la posibilidad de cambiar a otro que se ajuste más a ti dentro de la misma organización. Si crees que has agotado todo el potencial de tu actual trabajo, plantéate cambiar de empleo. No obstante, sé cauto. Rara vez estamos contentos con lo que tenemos y normalmente hay mucho potencial y alegría sin aprovechar donde ya trabajas.

Te quedes o te vayas, no te aferres al pasado («Así es como he trabajado siempre») ni tengas miedo del futuro («Si no hago este trabajo, ¿qué haré?»). Tu manera de desempeñar tu actual trabajo puede parecerte cómoda, pero, si ya no te transmite alegría, actúa. Con mucha más conciencia de tu ideal de vida profesional y de cómo alcanzarlo, vas a valorar tu siguiente opción profesional con las prioridades correctas.

S. S.

Mantener el equilibrio entre vida y trabajo

Nuestra vida de pareja cambió por completo cuando fuimos padres. Antes de que naciera nuestra primera hija, imaginaba mi estilo de vida ideal así: me despertaría renovada por la mañana, me vestiría y tendría el desayuno listo antes de que mis hijos se despertaran. Terminaría el trabajo de ese día con tanta rapidez y eficiencia que me sobraría tiempo para jugar con ellos. Por la noche, prepararía la cena, vertiendo en ella todo mi amor y cariño, y después nos sentaríamos a disfrutarla en familia. A la hora de dormir, haría un rato de yoga y me relajaría antes de dormirme con una agradable sensación de cansancio. Y por supuesto, ¡mi casa estaría siempre ordenada!

Ese era mi ideal, pero la vida no es tan sencilla. En cuanto di a luz, no tuve ni tiempo ni espacio emocional. Mis mayores expectativas y ambiciones se redujeron a estar satisfecha si podía cepillarme los dientes antes de acostarme y a sentirme aliviada de solo saber que mis hijas estaban vivas. Los bebés se despiertan a menudo y temprano, así que nunca dormía lo suficiente. Siempre estaba cansada, mi capacidad de concentración se redujo considerablemente y no podía terminar el trabajo ni las tareas domésticas a tiempo. Intentaba tener la casa limpia y ordenada, pero las niñas esparcían un paquete de sal por todo el suelo o abrían los cajones y toqueteaban mis útiles de escritura, que estaban pulcramente dispuestos en compartimientos. Por mucho que ordenara, la casa enseguida volvía a ser un caos.

En una ocasión, después de que les enseñara a doblar la ropa, mis hijas sacaron todo lo que yo había guardado con sumo cuidado en los cajones, lo «doblaron» otra vez y volvieron a meterlo. Para ellas estaba perfecto, pero ¡para mí no, por supuesto! Estoy segura de que solo querían intentar doblar la ropa ellas solas, pero en ese momento no le vi la gracia. Las regañé con dureza, solo para después flagelarme mentalmente por mi impaciencia. Esa situación no me proporcionó ni pizca de alegría. Las cosas se calmaron cuando empezaron a ir a la escuela.

Criar niños pequeños puede ser muy duro, pero me enseñó una valiosa lección: no aspires a tenerlo todo perfectamente ordenado cuando tus hijos son pequeños. Sin embargo, al mismo tiempo, me propuse tener al menos ordenado mi espacio personal, por ejemplo, asegurándome de que los cajones de la mesa de mi despacho estuvieran organizados o de que la manera de colgar la ropa en mi armario me transmitiera alegría. Con niños, tenemos mucho menos control sobre muchos aspectos de la vida cotidiana. Por esa misma razón, es importante conseguir que los espacios sobre los que sí tenemos control nos generen alegría. Crear un lugar, aunque solo sea uno, que nos alegra cada vez que estamos en él puede cambiar mucho cómo nos sentimos.

Es muy común que las personas que tienen hijos pequeños se sientan agobiadas y a menudo recibo cartas de padres trabajadores pidiéndome consejo. Una de las preguntas más frecuentes es: «¿Cómo puedo encontrar un buen equilibrio entre vida y trabajo?». Yo siempre les respondo haciéndoles esta propuesta: «Empieza visualizando tu equilibrio ideal entre vida y trabajo».

Como ya he comentado, en cuanto Takumi y yo fuimos padres, nuestro equilibrio entre vida y trabajo cambió de forma drástica. Se volvió físicamente imposible para nosotros trabajar muchas horas, porque necesitábamos invertir más tiempo y energía en nuestras hijas. Y como ya no podíamos continuar con nuestro anterior estilo de vida, empezamos a hablar de qué clase de equilibrio entre vida y trabajo nos haría felices a los dos.

En nuestro caso, decidimos priorizar el tiempo para cada uno y para nuestra familia y, a continuación, programamos nuestro trabajo en torno a eso. Por supuesto, eso significó que tuvimos que rechazar más proyectos que antes, pero dejamos pasar esas oportunidades con gratitud, dando las gracias a las personas que se habían puesto en contacto con nosotros y expresándoles nuestra esperanza de poder colaborar con ellas en el futuro si se daba la ocasión. Eso nos permitió recargar pilas, lo que a su vez nos ayudó a concentrarnos en cada tarea de manera más eficiente. Poniéndonos objetivos como terminar tareas concretas en menos de una hora, por ejemplo, aprendimos a concentrarnos intensamente en nuestro trabajo durante un período de tiempo limitado y a dar resultados en menos tiempo.

Mi enfoque para pensar en el equilibrio entre vida y trabajo es el mismo que adopto con ordenar. Empieza visualizando tu ideal, identifica y valora las cosas que te aporten alegría y despréndete con gratitud de las que no. Si te parece que algo falla en tu equilibrio entre vida y trabajo, prueba a preguntarte cuál sería tu equilibrio ideal y revisa la manera en la que quieres emplear tu tiempo, remitiéndote a los tres pasos para ordenar el trabajo en pareja, descritos en las páginas 271-274.

La alegría en el trabajo genera alegría en la vida

«Mi trabajo no me da ninguna proyección social. Trabajo solo para vivir. Que el trabajo me genere alegría está fuera de mi alcance».

Esto es lo que me dijo una de mis clientas. Algunos de los que estáis leyendo este libro quizá estéis de acuerdo con ella. Pero yo creo firmemente que todos podemos conseguir que nuestro trabajo nos transmita alegría.

Recuerdo que, cuando tenía cinco años, le pregunté a mi madre, que era ama de casa: «¿Por qué pareces siempre tan feliz cuando haces las tareas de la casa?».

Con una sonrisa, me respondió: «Ser ama de casa es un trabajo muy importante. Gracias a que preparo las comidas y tengo la casa en orden, tu padre puede trabajar mucho y tú puedes ir a la escuela y estar sana. Es una contribución a la sociedad bastante valiosa, ¿no te parece? ¡Por eso me encanta mi trabajo!». Lo que dijo me enseñó lo maravilloso que es el trabajo de un ama de casa. También aprendí que las personas contribuyen a la sociedad de muchas maneras distintas.

Ordenar puede hacernos conscientes del papel fundamental que cada cosa desempeña en nuestra vida diaria. No solo necesitamos un destornillador, sino también tornillos, por pequeños que sean. Todo, por insignificante que parezca, tiene una misión que cumplir y actúa en colaboración con otras cosas para crear y sustentar el hogar.

Nuestro trabajo es igual. Todas las ocupaciones son indispensables. No tienen que ser importantes. Mira bien la tuya. ¿Cómo contribuye al conjunto de la empresa? ¿Y cómo contribuye a la sociedad? Encontrar significado a nuestras tareas diarias hace que trabajar merezca la pena y eso genera alegría. De hecho, la actitud con la que acometemos nuestro trabajo es mucho más importante que la ocupación que tenemos. Cuando estamos felices y transmitimos buenas vibraciones mientras trabajamos, en vez de estar estresados e irritables, ejercemos una influencia positiva en quienes nos rodean. Cuanta más gente feliz haya, más se difundirá esa energía positiva, lo que cambiará el mundo. Si irradias energía positiva en el trabajo que haces, eso por sí solo contribuye a la sociedad.

Así que dime, ¿disfrutas con tu trabajo?

¿Qué clase de vida profesional quieres de verdad?

Estoy convencida de que ordenar es el primer paso, y el más efectivo, para hacer realidad tu ideal de una vida profesional alegre. Esperamos que pruebes las propuestas que aquí ofrecemos para ordenarlo todo, desde el desorden físico hasta el tiempo, las redes de contactos y las decisiones que tomas. Termina de ordenar tu espacio de trabajo y después dedícate a lo que te apasione. La alegría en el trabajo genera alegría en la vida.

AGRADECIMIENTOS DE MARIE

En las entrevistas, los periodistas a menudo dicen: «Estoy seguro de que en tu vida todo debe de proporcionarte alegría». Durante años, no pude reconocerles que, en mi trabajo, no siempre era así.

La magia del orden se publicó por primera vez en Japón en 2010. Yo no había cumplido aún los treinta y, en alguna parte recóndita de mi ser, creía que, como mi mensaje hacía hincapié en generar alegría mediante el proceso de ordenar, tenía que ser Doña Marie Feliz, siempre rebosante de alegría. Mi imagen de la vida profesional ideal era renunciar a todos los trabajos tediosos que no generaban alegría y elegir solo los que me apasionaban y me conectaban directamente con la alegría. Pensaba que cada momento en el trabajo debería ser divertido.

Mientras escribí y promocioné mi libro, disfruté mucho con mi trabajo. Hacer entrevistas para revistas y la televisión, así como dirigirme a grandes multitudes eran actividades nuevas e interesantes, y resultaba emocionante ver que las ventas de mi libro aumentaban día a día. Pero eso solo duró hasta que ya no me fue posible seguir adelante sin ayuda.

Las ventas de mi libro continuaron aumentando, superaron el millón de ejemplares y después los diez millones. El método KonMari se difundió a otras partes del mundo. La revista *Time* me nombró una de las cien personas más influyentes, me mudé a Estados Unidos, abrí nuestra empresa, protagonicé una serie de Netflix que puede verse en 190 países y hasta pisé la alfombra roja tanto en los Premios de la Academia como en los Emmy. Pero, a medida que mis contactos con otras personas se multiplicaban y los trabajos que me encargaban empezaron a sobrepasar tanto mi capacidad como mi facultad de decidir, la presión y el estrés llegaron a veces al extremo de que mi vida profesional no siempre me transmitía alegría.

Poco a poco, aprendí a manejar esta situación y ahora me encuentro mucho más cómoda siendo tan conocida. Pero, para llegar a ese punto, he tenido que superar muchas dificultades a lo largo del camino, por ejemplo en mis relaciones con los demás y en salvar la brecha entre la realidad y mi ideal. Escribir este libro me ha brindado la oportunidad de reflexionar sobre el camino que he recorrido, de reexaminar mis altibajos y errores, lo que me ha recordado que el trabajo no solo es una manera de mantener a mi familia o contribuir a la sociedad, sino también un canal para el crecimiento y desarrollo personales.

En la última década, he tomado mucha más conciencia del valor de trabajar con otras personas. Antes, pensaba que mi éxito solo se debía a mí. No obstante, ahora me siento honrada y agradecida por nuestros numerosos e increíbles colaboradores, incluidos nuestros empleados en Japón y Estados Unidos, nuestros socios comerciales en distintos proyectos, los consultores de KonMari que prestan sus servicios en todo el mundo y los numerosos admiradores del método KonMari que han adoptado nuestra filosofía. Aunque un poco tarde, he aprendido «sobre el terreno» que los logros en el trabajo se construyen sobre la base del esfuerzo sostenido y en colaboración con otras personas.

La visión de nuestra empresa es organizar el mundo: ayudar a todas las personas posibles a terminar de ordenar y elegir lo que les da alegría para que haya alegría en su vida. Queremos difundir esta visión por todo el mundo. Quizá parezca un objetivo imposible, pero nos lo tomamos muy en serio. De igual manera que dediqué más de dos décadas a desarrollar el método KonMari para abordar las dificultades que entraña ordenar, tenemos intención de avanzar en esa visión, paso a paso, durante el tiempo que haga falta. *La magia del orden en el trabajo* representa un gran paso para hacer realidad ese sueño.

Estoy profundamente agradecida a todas las personas que han participado en este proyecto, incluidos mi coautor, Scott, nuestra editora, Tracy, y nuestro agente, Neil, así como los numerosos clientes que han compartido sus historias sobre ordenar; a mi marido, Takumi, cuyo generoso apoyo profesional y personal no tiene precio; y a mi familia. A todos los que habéis decidido leer este libro os deseo una vida profesional que genere alegría. Me haría muy feliz que lo que Scott y yo hemos compartido aquí os ayudara a lograrlo.

AGRADECIMIENTOS DE SCOTT

Con la cantidad de tiempo y energía que dedicamos al trabajo, este puede y debería proporcionarnos alegría. Espero que las investigaciones, historias y consejos que hemos compartido te ayuden a llevar a cabo los cambios en tu vida y profesión que mereces. Cuando Marie se puso en contacto conmigo para conocer mi formación, jamás habría imaginado que colaboraría con ella en la redacción de este libro y que, de esta forma, podría ayudar a tantas personas a tener más felicidad, significado, control y simplemente cordura en el trabajo. Para alguien que ha dedicado casi dos décadas a investigar, asesorar y enseñar a las personas a mejorar su trabajo, es un sueño hecho realidad. Doy sinceramente las gracias a Marie por hacer este viaje conmigo.

Estoy agradecido a muchas personas por su ayuda, ante todo a mi mujer Randi. Su sabiduría y consejos me ayudaron a mejorar cada palabra que escribía, y su apoyo y aliento hicieron que terminar el libro no solo fuera posible, sino también muy grato. Vivir la experiencia con ella a mi lado nos ha unido todavía más y ese es un regalo que perdura más allá de estas páginas.

Dos magníficas ayudantes de investigación, Amber Szymczyk y Jessica Yi, se encargaron de buscar personas para entrevistarlas, ayudaron a encontrar ejemplos fascinantes y llevaron a cabo intervenciones de prueba. También doy las gracias a Kristen Schwartz por poner en mi conocimiento estudios útiles y a Derren Barken por sus aportaciones sobre organización digital.

Adam Grant hizo de alcahuete dando a conocer mi trabajo al equipo de Marie.

Todo libro necesita un impulsor y mi agente, Richard Pine, desempeñó ese papel a la perfección. Aparte de sus generosos comentarios para espolearme a pulir mis ideas y correcciones, el libro jamás se habría terminado sin su buen criterio y certeros consejos.

Expreso mi más sincero agradecimiento a Tracy Behar y todo el equipo de Little, Brown Spark, incluidos Jess Chun, Jules Horbachevsky, Sabrina Callahan, Lauren Hesse e Ian Straus. El buen ojo editorial de Tracy y su inquebrantable paciencia han llevado el libro hasta la línea de meta, y mucho más allá.

Soy increíblemente afortunado de contar con el apoyo de mis compañeros de la Universidad Rice. Mikki Hebl y Claudia Kolker hicieron comentarios de un valor inestimable sobre todo el manuscrito, y Jon Miles aportó ideas magníficas sobre los equipos. También estoy muy agradecido por el respaldo recibido de la dirección de la facultad de Administración de Empresas, en especial del decano Peter Rodríguez y todo el equipo de marketing, incluidos Kathleen Clark, Kevin Palmer y Weezie Mackey. Un agradecimiento especial a Laurel Smith y Saanya Bhargava por su ayuda con las redes sociales y a Jeff Falk por su apoyo con la publicidad. Nada me da más alegría que tener unos compañeros tan maravillosos.

NOTAS

1. ¿POR QUÉ ORDENAR?

pág. 26 **el 90 por ciento pensaba que el desorden tenía un impacto negativo:** OfficeMax (2011). «2011 Workspace Organization Survey», http://multivu. prnewswire.com/mnr/officemax/46659/docs/46659-NewsWorthy_Analysis. pdf (consultado el 11/10/17).

pág. 26 **estar rodeados de demasiadas cosas incrementa las concentraciones de cortisol:** Saxbe, D. E. y Repetti, R. (2010). «No place like home: Home tours correlate with daily patterns of mood and cortisol», *Personality and Social Psychology Bulletin* 36(1), pp. 71-81.

pág. 27 **un entorno desordenado pone a prueba al cerebro:** Kastner, S. y Ungerleider, L. G. (2000). «Mechanisms of visual attention in the human cortex», *Annual Review of Neuroscience* 23, pp. 315-341.

pág. 27 **la mitad de los administrativos refieren perder:** Brother International (2010). Libro blanco: «The Costs Associated with Disorganization», https:// www.naturallyorganized.com/Brother%20International%20-%20Whitepaper%20on%20Disorganization.pdf (consultado el 9/10/17).

pág. 32 **estudios sobre evaluaciones de los empleados:** Morrow, P. C. y McElroy, J. C. (1981), «Interior office design and visitor response: A constructive replication», *Journal of Applied Psychology* 66(5), pp. 646-650; Campbell D. E. (1979), «Interior office design and visitor response», *Journal of Applied Psychology* 64(6), pp. 648-653.

pág. 34 **un entorno de trabajo desordenado tiene más probabilidades de generar ideas creativas:** Vohs, K. D., Redden, J. P. y Rahinel, R. (2013), «Physical order produces healthy choices, generosity, and conventionality, whereas disorder produces creativity», *Psychological Science* 24(9), pp. 1860-1867.

pág. 36 **Cuantas más cosas (...), más se sobrecarga [el cerebro]:** Kastner, S. y Ungerleider, L. G. (2000), «Mechanisms of visual attention in the human cortex», *Annual Review of Neuroscience* 23, pp. 315-341.

pág. 36 **inundados (...), perdemos nuestra sensación de control:** Belk, R., Yong Seo, J. y Li, E. (2007), «Dirty little secret: Home chaos and professional organizers», *Consumption Markets & Culture* 10, pp. 133-140.

pág. 37 **cuando las personas sienten que ya no tienen el control, empiezan a acumular:** Raines, A. M., Oglesby, M. E., Unruh, A. S., Capron, D. W. y Schmidt, N. B. (2014), «Perceived control: A general psychological vulnerability factor for hoarding», *Personality and Individual Differences* 56, pp. 175-179.

pág. 38 **una media de 199 correos sin abrir:** Workfront (2017–2018). «The State of Enterprise Work Report: U.S. Edition», https://resources.workfront.com/ebooks-whitepapers/2017-2018-state-of-enterprise-work-report-u-s-edition (consultado el 11/10/17).

pág. 38 **pierden el tiempo ocupándose de correos innecesarios:** Deal, J. J. (2015). Libro blanco: «Always On, Never Done? Don't Blame the Smartphone», Center for Creative Leadership.

pág. 38 **390 euros anuales por empleado:** https://www.centrify.com/resources/5778-centrify-password-survey-summary/ (consultado el 4/5/18).

pág. 39 **administrativo medio pierde dos horas y treinta y nueve minutos:** Erwin, J. (29 de mayo de 2014), «Email overload is costing you billions—Here's how to crush it», *Forbes.*

pág. 39 **insatisfacción con las reuniones de empresa:** Perlow, L. A., Hadley, C. N. y Eun, E. (2017, julio–agosto), «Stop the meeting madness», *Harvard Business Review.* https://hbr.org/2017/07/stop-the-meeting-madness.

pág. 39 **casi 365.000 millones de euros anuales:** https://en.blog.doodle.com/state-of-meeting-2019 (consultado el 8/12/19).

2. SI RECAES SIEMPRE EN EL DESORDEN

pág. 62 **las emociones negativas tienen mayor impacto:** Averill, J. R., (1980), «On the paucity of positive emotions». En K. R. Blankstein, P. Pliner y J. Polivy, eds., *Assessment and Modification of Emotional Behavior. Advances in the Study of Communication and Affect,* vol. 6, Springer, Boston, Massachusetts.

3. ORDENAR EL ESPACIO DE TRABAJO

pag. 98 **fotografiar los objetos sentimentales:** Winterich, K. P., Reczek, R. W. e Irwin, Julie R. (2017), «Keeping the memory but not the possession: Memory preservation mitigates identity loss from product disposition», *Journal of Marketing* 81(5), pp. 104-120.

4. ORDENAR EL ESPACIO DE TRABAJO DIGITAL

pág. 118 **preferimos encontrar los archivos mirando en:** Bergman, O., Whittaker, S., Sanderson, M., Nachmias, R. y Ramamoorthy, A. (2010), «The effect of folder structure on personal file navigation», *Journal of the American Society for Information Science and Technology* 61(12), pp. 2426-2441.

pág. 123 **la mitad de su jornada laboral a ocuparse del correo electrónico:** Dewey, C. (3 de octubre de 2016), «How many hours of your life have you wasted on work email? Try our depressing calculator», *Washington Post*.

pág. 123 **el correo electrónico interfiere en la ejecución de su trabajo:** Workfront (2017–2018), «The State of Enterprise Work Report: U.S. Edition», https://resources.workfront.com/ebooks-whitepapers/2017-2018-state-of-enterprise-work-report-u-s-edition (consultado el 11/10/17).

pág. 123 **más tiempo dedicas al correo electrónico, más disminuye tu productividad:** Mark, G., Iqbal, S. T., Czerwinski, M., Johns, P., Sano, A. y Lutchyn, Y. (mayo de 2016), «Email duration, batching and self-interruption: Patterns of email use on productivity and stress». En *Proceedings of the 2016 CHI Conference on Human Factors in Computing Systems* (pp. 1717-1728), Nueva York, ACM Press.

pág. 124 **tres maneras principales en las que la gente tiende a abordar el correo electrónico:** Whittaker, S. y Sidner, C. (1996), «Email overload: Exploring personal information management of email», *Proceedings of CHI '96*, ACM Press, pp. 276-283.

pág. 125 **interrupción para leer un correo electrónico puede requerir veintiséis minutos:** Iqbal, S. T. y Horvitz, E. (2007), «Disruption and recovery of computing tasks: Field study, analysis, and directions». En *Proceedings of the SIGCHI Conference on Human Factors in Computing Systems,* Nueva York, Association for Computing Machinery.

pág. 125 **es difícil encontrar nada y archivar los correos se hace pesado:** Bälter, O. (2000), «Keystroke level analysis of email message organization». En *Proceedings of the CHI 2000 Conference on Human Factors in Computing Systems,* Nueva York, ACM Press.

pág. 125 **más de veinte carpetas:** *Ibid.,* pp. 105-112.

pág. 132 **Una persona corriente usa el teléfono móvil ochenta y cinco veces diarias:** Andrews, S., Ellis, D. A., Shaw, H. y Piwek, L. (2015), «Beyond self-report: Tools to compare estimated and real-world smartphone use», *PloS One* 10(10), e0139004.

pág. 133 **La mera presencia de un móvil puede afectar a tu rendimiento:** Ward, A. F., Duke, K., Gneezy, A. y Bos, M. W. (2017). «Brain drain: The mere presence of one's own smartphone reduces available cognitive capacity», *Journal of the Association for Consumer Research* 2(2), pp. 140-154.

pág. 134 **el móvil durante un examen bajó las notas de los alumnos:** Glass, A. L. y Kang, M. (2018), «Dividing attention in the classroom reduces exam performance», *Educational Psychology*, 39(3): pp. 395-408.

pág. 134 **se llevan el móvil al baño:** https://www.bankmycell.com/blog/cell-phone-usage-in-toilet-survey#jump1 (consultado el 11/06/2019).

5. ORDENAR EL TIEMPO

pág. 144 **menos de la mitad de la jornada laboral a las responsabilidades principales de nuestro trabajo:** Workfront (2017–2018), *The State of Enterprise Work Report: U.S. Edition,* https://resources.workfront.com/ebooks-whitepapers/2017-2018-state-of-enterprise-work-report-u-s-edition (consultado el 11/10/17).

pág. 145 **Ganar en exceso:** Hsee, C. K., Zhang, J., Cai, C. F. y Zhang, S. (2013), «Overearning», *Psychological Science* 24(6), pp. 852-859.

pág. 147 **la mitad de las actividades de un directivo duran menos de nueve minutos:** Mintzberg, H. (1973), *La naturaleza del trabajo directivo.* Barcelona, Editorial Ariel, 1983.

pág. 147 **En las fábricas, los capataces desempeñan una media de 583 actividades distintas:** Guest, R. H. (1956), «Of time and the foreman», *Personnel* 32, pp. 478-486.

pág. 147 **un rato de treinta minutos o más sin interrupciones:** Stewart, R. (1967), *Managers and Their Jobs,* Londres, Macmillan.

pág. 147 **más del 50 por ciento de las personas se sientan abrumadas:** ABC News, *Study: U.S. Workers Burned Out,* http://abcnews.go.com/US/story?id=93295&page=1 (consultado el 11/10/2017).

pág. 149 **caer en la trampa de la falsa urgencia:** Zhu, M., Yang, Y. y Hsee, C. K. (2018, octubre), «The mere urgency effect. Journal of Consumer Research», *Journal of Consumer* 45(3), pp. 673-690.

pág. 150 **reduce la productividad en hasta un 40 por ciento:** http://www.apa.org/research/action/multitask.aspx (consultado el 8/8/18).

pág. 150 **pasan rápidamente de una a otra:** Mark, G., Iqbal, S. T., Czerwinski, M., Johns, P. y Sano, A. (2016, mayo), «Neurotics can't focus: An in situ study of online multitasking in the workplace». En *Proceedings of the 2016 CHI Conference on Human Factors in Computing Systems* (pp. 1739-1744), Nueva York, ACM Press.

pág. 150 **estas personas no prestan atención:** Ophir, E., Nass, C. y Wagner, A. D. (2009), «Cognitive control in media multitaskers», *Proceedings of the National Academy of Sciences of the United States of America* 106 (37), pp. 15583-15587.

pág. 151 **aumenta la dificultad del trabajo, más lo hacen los inconvenientes de esta manera de trabajar:** Rubinstein, J. S., Meyer, D. E. y Evans, J. E. (2001), «Executive control of cognitive processes in task switching», *Journal of Experimental Psychology: Human Perception and Performance* 27(4), p. 763.

pág. 151 **les cuesta no distraerse:** Sanbonmatsu, D. M., Strayer, D. L., Medeiros-Sala, N. y Watson, J. M. (2013), «Who multi-tasks and why? Multitasking ability, perceived multi-tasking ability, impulsivity, and sensation seeking», *PloS One* 8(1), e54402.

pág. 152 **leer en papel nos hace evaluar con más cuidado:** Mangen, A. (2017), «Textual reading on paper and screens». En A. Black, P. Luna, O. Lund y S. Walker, eds., *Information Design: Research and Practice* (pp. 275-289), Nueva York, Routledge.

pág. 161 **nos sentimos con más derecho a declinar:** O'Brien, Katharine Ridgway, «Just Saying "No": An Examination of Gender Differences in the Ability to Decline Requests in the Workplace», tesis doctoral, Universidad Rice, 2014, https://hdl.handle.net/1911/77421 (consultado el 11/12/19).

pág. 161 **las personas obtienen más satisfacción en su trabajo:** Wrzesniewski, A. y Dutton, J. E. (2001), «Crafting a job: Revisioning employees as active crafters of their work», *Academy of Management Review* 26(2), pp. 179-201.

pág. 162 **para hacer más, a veces necesitamos trabajar menos:** Jett, Q. R. y George, J. M. (2003), «Work interrupted: A closer look at the role of interruptions in organizational life», *Academy of Management Review* 28(3), pp. 494-507.

pág.162 **hacer una pausa nos ayuda a ser más creativos:** Csikszentmihalyi, M. y Sawyer, K. (1995), «Creative insight: The social dimension of a solitary moment». En R. J. Sternberg y J. E. Davidson, eds., *The Nature of Insight* (pp. 329-363), Cambridge, Massachusetts, MIT Press.

pág. 162 **nuevas maneras de resolver problemas:** Elsbach, K. D. y Hargadon, A. B. (2006), «Enhancing creativity through "mindless" work: A framework of workday design», *Organization Science* 17(4), pp. 470-483.

6. ORDENAR LAS DECISIONES

pág. 166 **miles de decisiones todos los días:** https://go.roberts.edu/leadingedge/the-great-choices-of-strategic-leaders (consultado el 22/8/18).

pág. 167 **solo recuerdan tomar unas setenta:** hhttps://www.ted.com/talks/sheena_iyengar_choosing_what_to_choose/transcript (consultado el 22/8/18).

pág. 171 **desayuna lo mismo todas las mañanas:** https: //www.entrepreneur.com/article/244395 (consultado el 7/9/18).

pág. 177 **En el caso de algunas decisiones, tener tantas posibilidades puede saturarnos:** Iyengar, S. S. y Lepper, M. R. (2000), «When choice is demotivating: Can one desire too much of a good thing?», *Journal of Personality and Social Psychology* 79(6), pp. 995-1006.

pág. 178 **métodos sencillos de ordenar las opciones:** Scheibehenne, B., Greifeneder, R. y Todd, P. M. (2010), «Can there ever be too many options? A meta-analytic review of choice overload», *Journal of Consumer Research* 37(3), pp. 409-425.

pág. 178 **si no estás seguro de tus preferencias, tener más opciones puede desbordarte:** Chernev, A. (2003), «Product assortment and individual decision processes», *Journal of Personality and Social Psychology* 85(1), pp. 151-162.

pág. 179 **demasiado comprometido con esa solución:** Staw, B. M. (1981), «The escalation of commitment to a course of action», *Academy of Management Review* 6(4), pp. 577-587.

7. ORDENAR TU RED DE CONTACTOS

pág. 185 **hacen difícil forjar relaciones valiosas:** Roberts, G. B., Dunbar, R. M., Pollet, T. V. y Kuppens, T. (2009), «Exploring variation in active network size: Constraints and ego characteristics», *Social Networks* 31(2), pp. 138-146.

pág. 185 **150 relaciones valiosas:** Hill, R. A. y Dunbar, R. I. (2003), «Social network size in humans», *Human Nature* 14, pp. 53-72.

pág. 185 **interacciones con un pequeño subgrupo de esta:** https://arxiv.org/abs/0812.1045 (consultado el 28/8/18).

pág. 186 **más tiempo pasamos conectados a las redes sociales, menos felices somos:** Kross, E., Verduyn, P., Demiralp, E. *et al.* (14 de agosto de 2013), «Facebook use predicts declines in subjective well-being in young adults», *PLoS One*, 8(8): e69841; Lee, S. Y. (2014, marzo), «How do people compare themselves with others on social network sites?: The case of Facebook», *Computers in Human Behavior* 32, pp. 253-260.

pág. 192 **dos personas que se preocupan sinceramente la una por la otra:** Stephens, J. P., Heaphy, E. y Dutton, J. E. (2011), «High-quality connections. En *The Oxford Handbook of Positive Organizational Scholarship* (pp. 385-399); Dutton, J. E. (2006), *Energize Your Workplace: How to Create and Sustain High-Quality Connections at Work*, John Wiley & Sons.

pág. 192 **relaciones de calidad (...) pueden propiciar muchos resultados positivos:** Dutton, J. E. (2014), «Build high-quality connections» En J. E. Dutton y G. M. Spreitzer, eds., *How to Be a Positive Leader: Small Actions, Big Impact* (pp. 11-21), San Francisco, Berrett-Koehler Publishers.

pág. 195 **a hacer reflexiones más profundas y activa nuestra creatividad:** Mainemelis, C. y Ronson, S. (2006), «Ideas are born in fields of play: Towards a theory of play and creativity in organizational settings», *Research in Organizational Behavior* 27, pp. 1-131.

8. ORDENAR LAS REUNIONES

pág. 199 **la satisfacción de una persona con su trabajo se basa en la satisfacción con las reuniones:** Rogelberg, S. G., Allen, J. A., Shanock, L., Scott, C. y Shuffler, M. (2010), «Employee satisfaction with meetings: A contemporary facet of job satisfaction», *Human Resource Management* 49(2), pp. 149-172.

pág. 199 **mayores obstáculos para nuestra productividad:** Workfront (2017–2018), «The State of Enterprise Work Report: U.S. Edition», https://resources.workfront.com/ebooks-whitepapers/2017-2018-state-of-enterprise-work-report-u-s-edition (consultado el 11/10/17).

pág. 199 **nos agotan emocionalmente:** Lehmann-Willenbrock N., Allen, J. A. y Belyeu, D. (2016), «Our love/hate relationship with meetings: Relating good and bad meeting behaviors to meeting outcomes, engagement, and exhaustion», 39(10), pp. 1293-1312.

pág. 205 **dar una explicación (...) aumentará tus posibilidades:** Langer, E. J., Blank, A. y Chanowitz, B. (1978), «The mindlessness of ostensibly thoughtful action: The role of "placebic" information in interpersonal interaction», *Journal of Personality and Social Psychology* 36(6), pp. 635-642.

pág. 208 **hablar genera las mismas sensaciones (...) que comer o tener relaciones sexuales:** Tamir, D. I. y Mitchell, J. P. (2012), «Disclosing information about the self is intrinsically rewarding», *Proceedings of the National Academy of Sciences* 109(21), pp. 8038-8043.

pág. 209 **las malas conductas provocaron mucho más daño:** Kauffeld, S. y Lehmann-Willenbrock, N. (2012), «Meetings matter: Effects of team meetings on team and organizational success», *Small Group Research* 43(2), pp. 130-158.

pág. 212 **se tarda más en tomar decisiones**: Smith, K. G., Smith, K. A., Olian, J. D., Sims Jr, H. P., O'Bannon, D. P. y Scully, J. A. (1994), «Top management team demography and process: The role of social integration and communication», *Administrative Science Quarterly* 39(3), pp. 412-438.

pág. 212 **la productividad se reduce:** Karr-Wisniewski, P. y Lu, Y. (2010), «When more is too much: Operationalizing technology overload and exploring its impact on knowledge worker productivity», *Computers in Human Behavior* 26, pp. 1061-1072.

pág. 212 **las decisiones son peores:** Kerr, N. L. y Tindale, R. S. (2004), «Group performance and decision making», *Annual Review of Psychology* 55, pp. 623-655.

pág. 214 **tener más reuniones no aumentaba la productividad:** Luong, A. y Rogelberg, S. G. (2005), «Meetings and more meetings: The relationship between meeting load and the daily well-being of employees», *Group Dynamics: Theory, Research, and Practice* 9(1), pp. 58-67.

pág. 214 **las reuniones de pie (...) se generan ideas más creativas y se favorece la colaboración:** Knight, A. P. y Baer, M. (2014), «Get up, stand up: The effects of a non-sedentary workspace on information elaboration and group performance», *Social Psychological and Personality Science* 5(8), pp. 910-917.

pág. 214 **las reuniones que se celebran de pie tienden a ser más cortas:** Taparia, N. (2014, 19 de junio), «Kick the chair: How standing cut our meeting times by 25%», *Forbes*.

9. ORDENAR LOS EQUIPOS

pág. 223 **un equipo de limpiadores de hospital:** Wrzesniewski, A., y Dutton, J. E. (2001), «Revisioning employees as active crafters of their work», *Academy of Management Review* 26(2), pp. 179-201.

pág. 228 **la confianza mutua ayuda a evitar que las personas se desgasten:** Harvey, S., Kelloway, E. K. y Duncan-Leiper L. (2003), «Trust in management as a buffer of the relationships between overload and strain», *Journal of Occupational Health Psychology* 8(4), pp. 306.

pág. 228 **esfuerzos se dirigen a objetivos personales:** Dirks, K. T. (1999), «The effects of interpersonal trust on work group performance», *Journal of Applied Psychology* 84(3), pp. 445-555.

pág. 229 **todas saben en común:** Gigone, D. y Hastie, R. (1993), «The common knowledge effect: Information sharing and group judgment», *Journal of Personality and Social Psychology* 65(5), pp. 959-974.

pág. 230 **retazos de información:** Stasser, G. y Titus, W. (1985), «Pooling of unshared information in group decision making: Biased information sampling during discussion», *Journal of Personality and Social Psychology* 48(6), pp. 1467-1478.

pág. 231 **generación de ideas por escrito:** VanGundy, A. B. (1984), «Brain-writing for new product ideas: An alternative to brainstorming», *Journal of Consumer Marketing* 1(2), pp. 67-74.

pág. 232 **La confianza transforma las discrepancias sobre ideas en conversaciones productivas:** Simons, T. L. y Peterson, R. S. (2000), «Task conflict and relationship conflict in top management teams: The pivotal role of intragroup trust», *Journal of Applied Psychology* 85(1), pp. 102-111.

pág. 233 **orientación egocéntrica:** Weingart, L. R., Brett, J. M., Olekalns, M. y Smith, P. L. (2007), «Conflicting social motives in negotiating groups», *Journal of Personality and Social Psychology* 93(6), pp. 994-1010.

pág. 234 **tamaño óptimo de la mayoría de los equipos:** Hackman, J. R. y Vidmar, N. (1970), «Effects of size and task type on group performance and member reactions, *Sociometry*, pp. 37-54; Hackman, J. R. (2002), *Leading Teams: Setting the Stage for Great Performances,* Harvard Business Press.

10. COMPARTIR LA MAGIA DEL ORDEN

pág. 242 **el desordenado se había desorganizado tres veces más:** Ramos, J. y Torgler, B. (2012), «Are academics messy? Testing the broken windows theory with a field experiment in the work environment, *Review of Law and Economics* 8(3), pp. 563-77.

pág. 245 **encuesta (...) a dos mil estadounidenses:** https://greatergood.berkeley.edu/images/uploads/GratitudeFullResults_FINAL1pdf.pdf (consultado el 7/6/19).

pág. 245 **los empleados que reciben gratitud están más motivados:** Fehr, R., Zheng, X., Jiwen Song, L., Guo, Y. y Ni, D. (2019), «Thanks for everything: A quasi-experimental field study of expressing and receiving gratitude», documento de trabajo.

11. CÓMO GENERAR INCLUSO MÁS ALEGRÍA EN EL TRABAJO

pág. 267 **recordamos los malos:** Baumeister, R. F., Bratslavsky, E., Finkenauer, C. y Vohs, K. D. (2001), «Bad is stronger than good», *Review of General Psychology* 5(4), pp. 323-70.

pág. 267 **fracasos (…) nos predispone a fracasar en el futuro:** Stoeber, J., Hutchfield, J. y Wood, K. V. (2007), «Perfectionism, self-efficacy, and aspiration level: Differential effects of perfectionistic striving and self-criticism after success and failure», *Personality and Individual Differences* 45(4), pp. 323-327.

ÍNDICE ALFABÉTICO

■

Este libro
se terminó de imprimir
en el mes de septiembre de 2020